Charlotte Coulon

Gekonnt flirten

Casanovas beste Tipps & Tricks

Weltbild

Inhalt

Flirten – was ist das?

Das Flirten macht den Umgang mit dem anderen Geschlecht erst richtig interessant, und jeder von uns hat sein eigenes Flirt-Repertoire.

Flirten – eigentlich weiß jeder, was das ist. Dennoch fällt eine genaue Definition oft schwer, da fast jeder etwas anderes darunter versteht. Wenn Sie Freunde und Bekannte fragen, wird Ihnen jeder eine andere Kostprobe seiner Flirt-Künste geben. Das Spektrum reicht dabei von sinnlichen Augenaufschlägen über verführerisches Wimpernklimpern bis zu einem Zehn-Millionen-Dollar-Lächeln à la Brad Pitt oder Julia Roberts. Die Grenzen sind, wie Sie schnell feststellen werden, fließend. Vom charmanten Anlächeln eines Unbekannten über ein unverbindliches Geplänkel in einer Bar bis zur handfesten Affäre ist der individuelle Interpretationsspielraum sehr großzügig gestaltet. Der Duden definiert den Flirt folgendermaßen: »Bekundung von erotischer Zuneigung durch ein bestimmtes Verhalten, durch Gesten, Blicke oder scherzhafte Worte, um auf diese Weise eine erotische Beziehung anzubahnen.«

Ein interessantes Wechselspiel

Fest steht, dass der Flirt den Spielregeln des ewig Weiblichen und ewig Männlichen unterliegt. Die erotische Anziehung, das kokette Wechselspiel aus Faszination, Werbung, Ablehnung sowie der Wunsch nach Geborgenheit einerseits und Eigenständigkeit andererseits sind feste Bestandteile des uralten und unlösbaren Konflikts zwischen den Geschlechtern. Dieses Dilemma ist jedoch gleichzeitig eines der spannendsten Elemente im menschlichen Miteinander, das unser Leben unheimlich interessant gestaltet.

Der Flirt als Sport

Der Flirt ist nicht nur die älteste Sportart der Welt, sondern auch diejenige mit der größten Verbreitung. Man kann ihn durchaus als Massen- oder Breitensport bezeichnen.
Doch wen wundert die Beliebtheit, sind doch für die Ausübung nur zwei Spieler und keinerlei Sportgerät erforderlich. Man ist wetterunabhängig, und das Regelwerk ist äußerst großzügig. Doping ist meist nicht nötig, da man ständig ausreichend mit Adrenalin und Endorphinen versorgt wird.
In diesem Buch werden Ihnen in verschiedenen Trainingseinheiten Tipps und Kniffe für den Flirt gezeigt. Sie werden lernen, die richtigen Orte und Taktiken auszuwählen und Ihr Gegenüber zu analysieren. Sie werden erfahren, was zu tun ist, wenn es einmal nicht klappt, und wie man sich vor bösen Fouls schützt. Mit etwas Übung werden Sie zu einem Großmeister in dieser Sportart. Sicher werden auch Sie dann einmal auf dem Siegertreppchen stehen und olympisches Gold in Form eines Traumpartners um den Hals hängen haben. Denn wenn wir einmal ehrlich sind, der wahre Zweck des Flirts ist doch für die meisten von uns, einen festen Partner zu finden. Und wenn es nicht immer klappt, gilt auch hier das olympische Motto: »Dabei sein ist alles.«

Wie beim Sport muss man sich auch beim Flirten fit halten. Denn nur durch ständiges Training erzielt man gute Ergebnisse.

Die ersten Schritte

Wie wird man ein guter Flirter? Kann man das lernen? Muss man ein Naturtalent sein? Wichtig für den Flirt ist es, zunächst einmal mit dem Flirten überhaupt zu beginnen. Also wagen Sie den ersten Schritt!

Ein »gelungener« Abend

Gehören Sie zu den Menschen, die ein äußerst glückliches Händchen in Liebesdingen haben? Oder geht es Ihnen wie der jungen Frau im folgenden Beispiel: Frau Schmitt geht auf eine Party. Dort ist sie fast ausschließlich von Händchen haltenden Pärchen umzingelt. Sie fragt sich, warum sie sich umgezogen und zurecht gemacht hat, und verflucht den Teufel, der sie geritten hat, diese unselige Veranstaltung mit ihrem überflüssigen Besuch zu ehren. Gerade hat sie beschlossen, ihren Frust durch die zügige Einnahme diverser »spaßhaltiger« Getränke aus dem Leib zu schwemmen, als ein viertklassiges, aber offensichtlich hartnäckiges Subjekt mit Bierfahne ihr gewollt frivol über die linke Schulter lallt: »Na, ganz alleine hier, wie wär's denn mit uns beiden?« Die »Frusttröster« bleiben ihr darauf im Halse stecken, und sie verlässt fluchtartig die Party. Bei strömendem Regen verpasst sie den Bus. Zu Hause angekommen stellt sie fest, dass sie den Wohnungsschlüssel wohl von innen hat stecken lassen. Sie sitzt mit nassen Haaren, verlaufenem Make-up und beschlagener Brille im Treppenhaus und sieht aus, als wäre sie eben den Wirren

Oft verspricht man sich einen tollen Flirt von einer Party, doch leider wird man häufig enttäuscht.

der Oktoberrevolution entkommen. Mit dem Handy ruft sie Hilfe. Nach einiger Zeit kommt ein jungdynamischer Schlüsseldienstmitarbeiter die Treppe hinauf. Er verdient wohl normalerweise sein Brot bei den Californian Dreamboys.
Frau Schmitt schließt die Augen und hofft, dass er »Komm, Baby, ich sperr die Wohnung auf, und wir machen es uns noch ein bisschen nett« oder »Verstehen Sie Spaß? Willkommen bei der versteckten Kamera!« sagt. Aber der Schlüsseldienst-Traummann belächelt sie nur mitleidig, als hätte man ihr einen Eimer Pferdemist über den Kopf geschüttet, und sagt: »Das macht 350,- Mark!«
Am Morgen danach wird Frau Schmitt viertelstündlich von Freunden und Bekannten angerufen, die ihr berichten, wie toll der gestrige Abend war, was für tolle Typen da waren und wie viele Telefonnummern und Dates sie eingefahren haben. Frau Schmitt blickt mit einem Auge auf die zerknitterte Schlüsseldienstquittung auf dem Nachttisch und trifft eine Entscheidung, die ihr Leben verändert: »So kann es nicht weitergehen!«

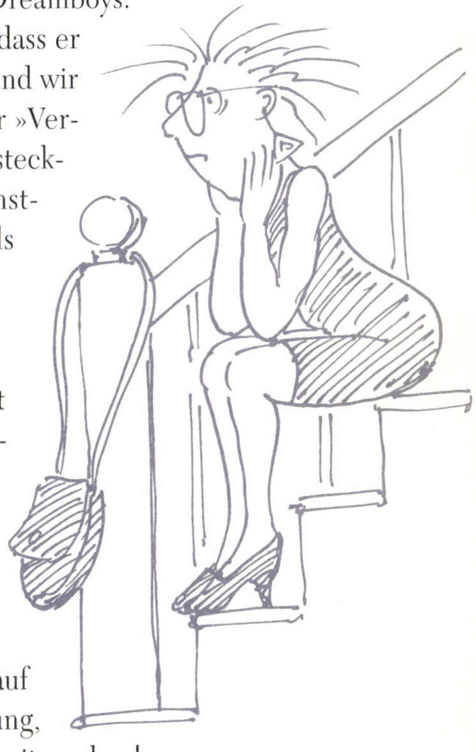

Fassen Sie Mut!

Nur wer sich nicht in sein vermeintliches Schicksal ergibt und die Initiative ergreift, wird beim Flirten Erfolg haben.

Ein realistisches Einschätzen der Lage, die nötige schlechte Erfahrung, ausreichend Frust, eine gesunde Wut im Bauch und der Entschluss, endlich auch einmal auf der Gewinnerseite zu stehen, sind die nötigen Grundvoraussetzungen für eine glänzende Flirter-Karriere.

Wir sollten aufhören, unsere eigene Faul- oder Feigheit durch fadenscheinige Ausreden zu entschuldigen.

Doch wir alle kennen das Problem: Der »Markt« scheint leergefegt, der/die Richtige ist nie, der/die Falsche immer zur Stelle. Die Erfolgsquote ist niedrig, der Aufwand hoch und eine Bauchlandung schmerzhaft.
Wen wundert es also, dass sich Bequemlichkeit breit macht und überall das hohe Lied von der Singlegesellschaft gesungen wird. Singleappartements, Singlehaftpflichtversicherungen, Single-Snack-Hits und Tiefkühlpizzen machen das Alleinsein bequem und bieten eine gute Basis für fadenscheinige Ausreden, die die eigene Faulheit rechtfertigen sollen.

Gängige Ausreden

Hier nun die gängigsten Ausreden der Flirtmuffel, die man jedoch leicht entkräften kann! Besinnen Sie sich also eines Besseren, und lassen Sie das Selbstmitleid hinter sich.

Ich bin gerne Single! Ich liebe die Freiheit und meine Unabhängigkeit und bin niemandem Rechenschaft schuldig.
➔ Diesen Quatsch glaubt Ihnen ab 32 kein Mensch mehr.

Heute wird das Singletum als erstrebenswerte Lebensform propagiert. Doch oft ist diese Form der Einsamkeit nur eine Notlösung.

Ich habe keine Zeit! Mein Job ist so zeitintensiv, dass er mich alle Kraft kostet. Außerdem gibt mir meine Karriere ausreichend Bestätigung für mein Seelenleben.
➔ Sie finden doch auch Zeit für öde Spiele-Abende, für »Wetten, dass ...« und für das »Zeit-Rätsel«! Kein Beruf der Welt, und sei er noch so anstrengend, kann Sie völlig ausfüllen und glücklich machen!

Ich gerate ohnehin immer an den Falschen/die Falsche!
➔ Wer sagt das? Lassen Sie es doch einmal darauf ankommen! Aus Erfahrung wird man klug, und schon Liselotte Pulver wusste: Auf jedes Töpfchen passt ein Deckelchen.

Ich möchte mich nicht festlegen!

→ Sie werden sehen, wenn der/die Richtige kommt, entscheiden Sie sich gerne! Außerdem, haben Sie denn wirklich so oft die große Auswahl?

Frisch gewagt...

Beim Flirt ist es wie bei allen Dingen im Leben: Wer nicht wagt, der nicht gewinnt. Fassen Sie sich ein Herz, und gehen Sie auf Ihr Gegenüber zu. Was kann schon passieren? Mehr als ein »Nein« können Sie sich nicht einhandeln. Also, wagen Sie den ersten Schritt, denn vielleicht ist der andere auch nur schüchtern.

Plattitüden

Auch Plattitüden eignen sich hervorragend, um die eigene Passivität zu entschuldigen: Wenn du glaubst, es geht nicht mehr, kommt von irgendwo ein Lichtlein her. Wie man sich bettet, so liegt man. Erstens kommt es anders, zweitens als man denkt. Auch ein blindes Huhn findet mal ein Korn. Drum prüfe, wer sich ewig bindet, ob sich vielleicht was Bessres findet, usw., usw.

Wer versucht mit Plattitüden die Partnerlosigkeit zu entschuldigen, wird nie ein erfolgreicher Flirter werden.

Ich will es hiermit auf sich beruhen lassen, wenn Sie mir versprechen, Ihr Gewissen mit ähnlichen Plattitüden zu verschonen. Wir wollen die Notwendigkeit des Flirtens für Geist, Leib und Seele nicht mehr in Frage stellen, keine unhaltbaren Ausreden mehr vorschicken, sondern den ersten Schritt wagen und im Vorfeld unsere Kräfte lieber für »Marktanalysen« sowie Erfolg versprechende Taktiken verwenden.

Das Personenregister

Wichtig für den erfolgreichen Flirt ist es, dass Sie das Gegenüber einschätzen können. Auf den folgenden Seiten werden Ihnen die wichtigsten Typen, die Sie in unserer Gesellschaft antreffen können, vorgestellt.

Die Freizeitgesellschaft und ihre Kinder

Das menschliche Zusammenleben hat noch nie eine so einschneidende Umstrukturierung erfahren wie in den letzten 100 Jahren. Die Demokratisierung Mitteleuropas, die Emanzipation der Frau, die sexuelle Revolution und der Wandel zur spaßorientierten Freizeitgesellschaft haben aus uns scheinbar ein Volk von Individualisten gemacht. Beinahe jeder von uns hält sich für ein unverwechselbares, einmaliges und selbstbestimmtes Einzelwesen.

Oft sind gerade die Menschen, die sich selbst als Individualisten oder Querdenker bezeichnen, besonders konventionell.

Interessant ist, dass unsere Individualität aber durch grundlegende menschliche Charakterzüge, Vorlieben, Hobbys, Moden, gewollte und ungewollte Zugehörigkeit zu bestimmten Gruppen auf ein recht armseliges Maß schrumpft.
Die folgende, zugegeben spöttische Klassifizierung dieser »Individualisten« – die mit einem Augenzwinkern gelesen werden sollte – wird uns später sehr hilfreich sein. Denn in Sachen Flirt kann man aus der profunden Kenntnis des Gegenübers einen unschätzbaren Vorteil ziehen.

Die männlichen »Individualisten«

Die folgenden »Standardtypen« können Sie in fast jedem Lokal oder jeder Kneipe antreffen.

Der Trendsetter

Er weiß absolut immer, was »man« hat, und hat alles immer schon vor anderen gehabt. Hat alles in New York gekauft (Sie merken, »haben« ist sein Lieblingsverb). Findet alles unheimlich »trendy«, »stylish«, »angesagt« und »wahnsinnig abgefahren«. Der Trendsetter steht auf Trash-Art, und der Alessi-Kessel ist auf die Wischtechnik an den Wänden seines Lofts abgestimmt. Er weiß, wo man jetzt so hingeht, und kontert jeden Ihrer Gastronomievorschläge mit: »Was, den Laden gibt's noch? Ist ja abgefahr'n!«

Jeder von uns kennt das Gefühl, dass ihm ein fremder Mensch irgendwie bekannt vorkommt.

Der Extremsportler

Ob Bungeejumping, Heli-skiing, Rafting oder Strandsurfen, dieser Ironman gibt Ihnen das Gefühl, der Spezies der Weichtiere anzugehören. Diese Selbsteinschätzung wird sich nach einem gemeinsamen Abendessen noch verstärken. Unter Einnahme von kohlehydratreicher Kost und grünem Salat (»… ohne Dressing, bitte!«) wird er bereits bei der Vorspeise Ihren Körperfettanteil berechnet haben! Benutzt ausschließlich Goretex-Kondome und steht auf isotonische Aperitifs.

Der Werbefuzzi

Gerade Leute mit »Kreativberufen« sind schon beim ersten Gespräch leicht zu durchschauen.

Dieser Typ macht 90 Prozent aller männlichen Singles aus. Er hält sich für unheimlich witzig (»Weißt du, wir Kreativen ...«). Außerdem glaubt er, dass er sehr pfiffig ist, da er Lachs und Champagner bei Aldi kauft. Kennt sich mit Weinen und Lifestyle bestens aus. Neigt zu ungewöhnlichen Urlaubsorten (»das andere Mallorca«, »die unbekannte Toskana«) und findet seine Designerklobürste super originell.

Der Künstler

Dieser Typ ist die Inkarnation des Einzigartigen und »ein Stück weit« unzufrieden mit der deutschen Kulturlandschaft. Will endlich mal »den anderen Weg gehen« und »völlig neuen Ansätzen folgen«. Die bornierte Kritik verkennt sein Talent. Sucht eine Muse, die an ihn glaubt und ihm den Rücken für seine Inspiration freihält. Das ist Künstlerdeutsch und bedeutet, dass Sie die Miete und den Lebensunterhalt bezahlen sollen, während er den Frauen nachsteigt.

Der Banker

Ein Banker zu sein ist seine Berufung. Die Weltwirtschaft braucht Männer wie ihn, die die Zusammenhänge verstehen und die Trends der Märkte frühzeitig erkennen. Auberginefarbene Viskoseanzüge und Polyesterkrawatten mit goldenen New-York-Klipps entlarven ihn aber schnell als Kassierer der Bezirkssparkasse Detmold-Nord.

Es ist erstaunlich, dass viele Menschen großen Wert auf ihre Individualität legen, sich aber kleiden und benehmen wie Millionen andere.

Der Gymnasiallehrer

Er hat vormittags Recht und nachmittags frei. Hält Sie nicht für dämlich, auch wenn er alles viermal wiederholt. »Repetitionsdidaktik« nennt man diese unheilbare Berufskrankheit. Ist frustriert, weil ihm am Nachmittag niemand mehr freiwillig zuhören will. Würde für diese kleine Gefälligkeit auch seinen Pensionsanspruch mit Ihnen teilen.

Der Nerd (Computerfreak)

Er hat Verbindungen in alle Welt und ist rund um die Uhr online. Tiefkühlpizza und Malzbier fördern seinen vornehmen Teint. Die Form seines Brillengestells hat sich der seines strahlungsarmen Bildschirms angepasst. Trotz eines ISDN-Anschlusses geht er gelegentlich ins Internet-Café.

Der Mediziner

Er ist ein selbstloses Opfer der Gesundheitsreform und kann seinen hippokratischen Idealen nur unter finanziellen Verlusten gerecht werden. Die fünfte Eigentumswohnung in Berlin-Mitte ist ein Notprogramm, um nicht ganz vor dem Nichts zu stehen.

Frauen, die an einen Nerd geraten, sollten selbst Computerfreaks sein oder zumindest ein Studium in Elektrotechnik absolviert haben.

Der Tee-Auspendler

Dieser Typ ist in der Regel Physiotherapeut, Buchhändler oder Ökobauer von Beruf und schwört auf ganzheitliches Denken. Die Kiste mit Ihrem Ex macht ihn zwar »unheimlich betroffen«, er ist aber dennoch froh, dass Sie darüber gesprochen haben. Die Getreidemühle und die Aromalampe sind seine besten Freunde, und eine Frau mit Ihrem Karma ist ihm noch nie begegnet.

Der erfolgreiche Clubblazer

Die gelgeschwängerte Tolle fällt lässig über seine Ray-Ban-Brille. Er züchtet kleine Krokodile auf der linken Hemdenbrusttasche und führt mindestens drei Telefongespräche gleichzeitig – davon zwei in Fremdsprachen mit der Zeitansage. Die »Financial Times« von vor drei Jahren klemmt unauffällig exponiert am Armaturenbrett. In Kitzbühel und Sylt kennt er jeden, und in gehobenen Lokalen verlangt er bereits vor der Speisekarte eine Quittung.

Nicht selten wird Unhöflichkeit als besondere Note betrachtet. Meist ist aber mangelndes Selbstbewusstsein die Ursache.

Beavis and Butthead

Diese Typen leben von Erdnussflips und Büchsenbier und sind stolz darauf, dass kein Tageslicht durch ihre Fenster fällt. Musikgeschmack, Konversation und bevorzugte Literatur fallen unter das Jugendschutzgesetz. Schlechter Geschmack in allen Lebenslagen und vor allem mangelnde Höflichkeit gegenüber Damen gehören zu den Grundfesten ihrer eigenwilligen Lebensphilosophie.

Mamis Liebling

Er lässt sich auch mit 38 noch von Mutti das Pausenbrot richten. Beginnt jeden Satz mit »Meine Mutter ...« und kokettiert damit, dass er nicht einmal Kaffee kochen könne. Liebt Modellbau und CB-Funk, spielt im örtlichen Akkordeonorchester und sammelt Briefmarken.

Wenn Sie es mit Mamis Liebling zu tun haben, sollten Sie die Segel streichen – gegen die zukünftige Schwiegermutter haben Sie keine Chance.

Der Witzbold

Er ist ein echter Sunnyboy – eine fatale Mischung aus Gunther Sachs, Günter Pfitzmann und Thomas Gottschalk. Er hält seinen selbstverliebten Charme für die Krone der europäischen Kulturleistung. Wenn Sie sich nicht für seine unwiderstehlichen Unterhaltungskünste begeistern können, dann liegt es natürlich nicht an ihm, sondern daran, dass Sie eine humorlose Zicke sind. Sobald er das Interesse verloren hat, werden Sie zur Zielscheibe für böse Scherze.

Die weiblichen »Einzelwesen«

So wie bei den Männern gibt es natürlich auch bei den Frauen ganz bestimmte Typen. Im folgenden Verzeichnis sind die wichtigsten zusammengefasst.

Die Unwiderstehliche

Sie ist ganz Frau und weiß dies auch durch Aufmachung und Worte zu vermitteln. Ungeschminkt würde sie nicht einmal zum Briefkasten gehen. Macht sich bei ihren Mitbewerberinnen durch tiefe Dekolletees und Model-Allüren unbeliebt. Träumt vom jungdynamischen Zahnarzt mit Cabriolet oder vom altreichen Seniorchef mit Landgut.

Männer, die an die »Unwiderstehliche« oder die »höhere Tochter« geraten, müssen über das nötige Kleingeld verfügen.

Die Kumpelhafte

Diese Frau hilft gerne beim Umzug und beim Pferdestehlen. Hat einen Faible für Jeans und Holzfällerhemden. Sie steht auf U2, lässt sich die Haare von ihrer Mutter schneiden und kümmert sich rührend um Ihre Zimmerpflanzen. Sie liebt Tiere über alles und engagiert sich selbstlos für Amnesty International.

Die höhere Tochter

Sie ist blond, und der obligatorische Haarreif ist mit Perlen besetzt. Neben Reiten und Segeln organisiert sie im Golfclub ihrer Eltern Wohltätigkeitsturniere. Kennt die Kennedys, Flicks und Krupps noch vom Internat oder wahlweise vom letzten Admirals Cup. Der Sultan von Brunei bekundete bereits Interesse, aber daraus wurde nichts, weil ihr Vater ihn nicht leiden kann und den Habenichts außerdem für nicht standesgemäß erachtete.

Oft genügt ein einziger Blick, um das Gegenüber einzuordnen. Die Typen folgen nämlich festen Dresscodes.

Der Hillary-Typ

Sie geht ohne Handy und Laptop nicht aus der Penthousemaisonette. Hat mehr Praktika, Seminare und Workshops besucht als alle Mitarbeiter der Deutschen Bank zusammen. Kann aber in acht Wochen gerne ein Date mit Ihnen für 20 Minuten dazwischenschieben.

Die Joghurette

Diese junge sportliche Frau mit 45 kg steht nachts schon mal auf, um sich ein Stück Schokolade zu holen (»... aber leicht muss sie eben sein«). Macht täglich nach dem Joggen noch eine Stunde Aerobic und trägt gerne Pferdeschwanz, T-Shirt, gestreifte Hosen und Baseball-Käppi. Ihre Mutter ist ihre beste Freundin, und sie fliegt viermal im Jahr in die Staaten, »weil da alle so nett und so offen sind«.

Die Engagierte

Diese Frau trägt gerne Mephisto und Birkenstock, singt im Kirchenchor und gibt im Kinderheim Flötenunterricht. Beim Wandern und Bogenschießen sammelt sie die Energie hierfür. Sie ist selbstverständlich Vegetarierin und bereist vorzugsweise Israel oder die Normandie. Hier hat sie auch schon prima Städtepartnerschaften aufgebaut.

Die weiblichen Individualtypen tendieren mehr als die Männer zu Extremen.

Die Glamourbarbie

Sie steht auf Pailletten, Angoraapplikationen, Lipgloss und gelbes, dauerfixiertes Haar. Ihre »Gesichtsvollverglasung« mit Glitzermonogramm ist eine Sonderanfertigung von Rodenstock, und die weißen Pumps hat sie auf Rhodos gekauft. Sie raucht 100er Mentholzigaretten und heißt meist Uschi, Babs, Gisela oder Renate.

Das Girlie

Sie ist ein Fan von Heike Makatsch, Viva und MTV. Wechselt ständig die Haarfarbe und trägt gerne bauchfrei. Sie redet das ganze Jahr von der letzten Love-Parade und kennt die coolsten Clubs. Findet alles »voll easy« und »total abgespaced«, ist aber heute »irgendwie komisch drauf«.

Das Dauer-Flower-Power-Phänomen

Diese Frau liebt immer noch Patschuli, hennarotes Haar und Palästinensertuch. Töpfern, Tofu, Trommeln heißt die Devise. Sie trägt gerne bequeme Schuhe und besteht weiterhin darauf, dass Deodorants Waffen des kapitalistischen Kulturimperialismus sind. Trinkt nur »Transfairkaffee« und Matetee. Französische Chansons und die frühen Hits Janis Joplins sind ihre große Schwäche.

Die Perle

Sie macht die beste Frischkäsetorte weit und breit und besitzt die Kuschelrock-CDs Vol. 1 bis 467. Sammelt Parfumflakons und besucht gerne Puppenbastelkurse. Freitags geht sie mit Kolleginnen zum Bowling, samstags aufs Nachbarschaftsfest und sonntags zu ihren Eltern zum Kaffee. Sie ist ein blondgelockter Traum in rosé-, lachs- oder mintfarbenen Leggins und eine Haushaltsfee à la Mutter Beimer. Wenn Sie sie Ihren Eltern vorstellen, haben Sie bereits verloren, denn sie ist der Traum aller Schwiegermütter.

Frauen sind modebewusster als Männer. Daher ist es leichter, die Typen zu unterscheiden.

Expedition ins Tierreich

Wir wollen nun nach dem Exkurs in die Welt der menschlichen »Individuen« einen Ausflug ins Tierreich wagen. Der Evolutionstheorie folgend können bestimmte menschliche Verhaltensmodelle durchaus dem Jagd-, Werbe- oder Balzverhalten unserer vierbeinigen Vorgänger entsprungen sein.

Balz und Werbung

Die Beobachtung Ihres Umfeldes so analytisch und wach wie möglich zu gestalten, ist eine wesentliche Grundvoraussetzung für das erfolgreiche Agieren und Reagieren in Sachen Flirt. Ich verrate Ihnen nun einige subtile Detailkenntnisse, die ich im Laufe der Jahre erwarb und die Ihnen mit Sicherheit recht dienlich sind. Es ist erstaunlich, wie sich Verhaltensweisen, die uns aus der Welt der Tiere bekannt sind, bei den Menschen wiederfinden lassen. Gerade bei der menschlichen Balz und Werbung sind die Parallelen augenfällig.

Das eine oder andere Verhaltensmuster aus der Tierwelt lässt sich im menschlichen Verhalten wiederfinden.

Sie denken vielleicht, dass jetzt eine weitere Auflistung von Stereotypen folgt, wie etwa »der Platzhirsch« oder »der flotte Hecht«, aber wir bewegen uns jetzt auf der zweiten Ebene der Angebotssichtung und fügen den eben analysierten »Typen« ein weiteres Unterscheidungsmerkmal an.
Es wäre nämlich zu platt, die einzelnen Männer- und Frauentypen den naheliegenden Entsprechungen im Tierreich zu-

zuordnen. So einfach macht es uns auch die offensichtlichste Stereotype nicht. Es ist also keineswegs so, dass der erfolgreiche Angeber-Typ immer auch solch ein Werbeverhalten an den Tag legt, wie es nach der Einschätzung dem eines Löwen oder Tigers entsprechen würde.

Ich habe Yoga praktizierende Softies gesehen, die Flirts auf die Beine stellten, bei denen Robert Redford und Tom Selleck blass vor Neid geworden wären. Ebenso habe ich eine sehr sanfte, stille Freundin, die, als es sie richtig erwischt hatte, der »Denver-Alexis« den Rang abgelaufen hätte. Mancher Löwe hat etwas von einem Kaninchen, und mancher Brauereigaul knüpft Netze wie eine Spinne – fein, glänzend und sehr fest.

Die unterschiedlichen Werbeformen können sich selbstverständlich überschneiden und ergänzen. Sie zu kennen ist sehr wichtig für unsere Zwecke, da man bei richtiger Analyse ein besseres Gesamtbild des »Jägers« bzw. »Opfers« erhält. Die Analyse unserer »Pseudoindividualtypen« kann dadurch häufig ergänzt oder sogar revidiert werden. Ein »ganzheitlicher« Teeauspendler outet sich häufig schnell als Supermacho, und ein großmäuliger Blazer-Sunnyboy kann sich bei Hinweis auf die Durchschaubarkeit seiner Taktik zum wahren Lämmchen und herzensguten Kavalier entwickeln. Auch die »zickige Gisela« bedient sich zuweilen – trotz allen Glitters – eines burschikosen und völlig unglamourösen Balzverhaltens, das ihre wahre menschliche Herzenswärme offenbart.

Man sollte das Gegenüber einschätzen können. Nur wer sein »Opfer« kennt, ist ein erfolgreicher Jäger.

Männliches Jagdverhalten

Wie so oft im Leben unterscheiden sich bestimmte Verhaltensweisen von Männern und Frauen grundlegend. Das zeigt sich vor allem bei der Jagd nach einem neuen Partner. Hier nun einige typisch männliche »Jagdmethoden«.

Der Wolf

Der einsame Wolf ist leicht an Dreitagebart und schwarzem Rollkragenpullover zu erkennen.

Der Wolf durchstreift bei der nächtlichen Jagd einsam die Steppe. Er zieht stets ohne Begleitung durch das Party- und Nachtleben und gefällt sich in der Rolle des »lonesome Cowboys« und des ausgestoßenen Rebellen mit geheimnisvoll trotzigem Blick. Er sucht seine Beute im Auge-zu-Auge-Kontakt. Er peilt an und verfolgt streunend seine Opfer in der urbanen Prärie. Nach dem ersten Kontakt betont er stets seinen Freiheitsdrang und seine Abneigung gegen jegliches Rudelverhalten. Ist er eine Bindung eingegangen, fordert er ständig Bewunderung und bewacht eifersüchtig und argwöhnisch jeden Schritt des Partners.

Der Hund

Der Hund ist zwar ein naher Verwandter des Wolfs, doch sein Jagdverhalten ist völlig anders.

Er ist im Gegensatz zum »einsamen Wolf«, mit dem er nahe verwandt ist, ein Rudeltier par excellence. Er peilt seine Beute aus seinem Rudel (»Das sind meine Jungs«) heraus an und kann sich auch nur schwer aus der Gruppe lösen, um das Nötigste mit Ihnen abzuklären. Er wird den Abenden mit seinen Kumpeln lange Zeit den Vorrang geben, und man wird anfangs das Gefühl nicht los, dass man nur der Prestigepluspunkt in seinem Leben ist. Ein Partner sichert ihm nämlich eine höhere Rangstufe unter den männlichen Jungtieren seines Rudels. Zeigen Sie ihm die Zähne, frisst er Ihnen aber schnell aus der Hand. Abgesehen von gelegentlichen Kläffanfällen (Hunde, die bellen, beißen nicht!) wird er zum schmusenden Haushund mit sprichwörtlicher Hundetreue. Sie werden später sogar das Problem haben, diesen trägen Bernhardiner vom Kamin wegzubewegen.

Das Lamm

Dieser Mann ist einfach süß, und das weiß er ganz genau. Das ist auch seine Jagdtaktik. Er kann Sie mit seinen hilflosen Blicken dermaßen einlullen, dass Sie sich kopf- und gedankenlos seiner annehmen. Das Lamm weckt Mutterinstinkte, die einen weit mehr Zugeständnisse machen lassen, als man es je für möglich gehalten hätte. Das Lamm ist aber nicht nur brav und süß, sondern auch äußerst raffiniert. Zu bedenken ist die Tatsache, dass jedes männliche Lämmchen irgendwann zum Hammel wird.

Auch wenn Dackel und Lamm nicht verwandt sind, ist ihr Blick doch identisch.

Der Pfau

Wie jedes Kind weiß, liebt es der Pfau zu gefallen. Er betritt die öffentliche Flirtarena elegant und »gentlemanlike«. Sein distinguiertes Erscheinungsbild und sein wertvolles Federkleid sind seine wichtigsten Jagdwaffen. Mit ihnen lenkt er zunächst bewundernde Aufmerksamkeit auf sich. Bemerkt er aber, dass Ihnen seine Erscheinung gefällt, bläht er die Brust, spreizt sein Gefieder und schlägt sein buntes Rad. Für diese Übung braucht er so viel Platz, dass er andere Partyvögel schnell an die Wand drückt. Nach stundenlangem Umherstolzieren vergisst er aber oft, für wen er die Show veranstaltet hat, und wendet sich dem nächstbesten Bewunderer zu. Vergisst er Sie aber nicht, so haben Sie einen pflegeleichten Spielpartner. Sie müssen ihm nur alles so verkaufen, dass er sich in der Rolle des Stars fühlt.

Weibliches Jagdverhalten

Frauen werden ja häufig als das schwache Geschlecht bezeichnet. Doch bei der Wahl ihrer Mittel sind sie meist sehr viel subtiler und listenreicher als die Männer.

Die Panterin

Für viele Männer geht von der Panterin eine unwiderstehliche Faszination aus.

Die Panterin ist das mondänste Tier weit und breit. Sie versteht es, sich immer so im Licht zu platzieren, dass ihr Fell den schönsten und vornehmsten Glanz hat. Sie jagt, indem sie ihr Gegenüber durch ihre Schönheit fesselt, um dann blitzschnell zuzuschlagen. Sie ist eine Königin, die alle Aufmerksamkeit in Anspruch nimmt. Aber Vorsicht, zu starke Verehrung langweilt sie. Als echte Raubkatze schätzt sie das Gefühl, die Beute selbst erlegt zu haben. Manchmal haut sie Ihnen auch nur so zum Spaß die Krallen ins Fleisch. Zum Fressen geht sie dann woanders hin. Sie zu zähmen ist ein Unterfangen für furchtlose Männer ohne Nerven. Allerdings lassen sich ihr Fauchen, Drohen, Knurren und zufriedenes Schnurren durchaus steuern, was sie aber nie merken darf, sonst werden Sie in der Luft zerrissen.

Die Hamsterin

Die Hamsterfrau ist ein verspielter Hausgenosse zum Knuddeln und Liebhaben. Sie ist sehr verschmust und beschäftigt sich überwiegend mit der Nahrungsbeschaffung. »Spare in der Zeit, dann hast du in der Not« heißt ihre Devise. Ähnlich »goldig« wie die Hamsterin selbst ist auch ihr Geschmack. Sie mag goldige Männer, goldige

Postkarten, goldige Mitbringsel und goldige Heimtiere. Wenn man von der Hamsterfrau so gemästet wurde, dass die Beine kaum noch auf den Boden reichen, und die Wohnung so mit Plunder vollgestopft ist, dass man nicht mehr zum Ausgang kommt, dann hatte die Jagd-Taktik der Hamsterin Erfolg.

Das Reh

Das Reh wirkt zerbrechlich und ist es auch. Der Augenaufschlag und die errötenden Wangen sind feste Wesensbestandteile. Das Jagen liegt ihr eigentlich nicht, eher das unschuldige Beutedasein. Aber darin liegt die Gefahr für den Werber. Denn er macht sich oft zum »Affen«, da er ihr und ihren Rehäuglein einfach keinen Wunsch abschlagen kann. Das Reh ist ob seiner zarten Wendigkeit keineswegs eine leichte Beute. Und obwohl es schon so manchen in die Falle gelockt hat, behält es sich in allen Lebenslagen vor, immer das unschuldige Opfer zu sein.

Obwohl Rehe eher als Beute- denn als Jagdtier gelten, ist Vorsicht geboten.

Das Pferd

Diese Frau besitzt das größte Verhaltensrepertoire. Vom stolzen Lipizzaner mit Hang zu Hochmut und Capriolen über den gutmütigen und schwerfälligen Ackergaul bis zur feurigen und unberechenbaren Araberstute können Sie mit allem rechnen. Dennoch gründen alle diese Facetten auf freundschaftlichem Umgang und auf Vertrauen. Mit der Pferdefrau können Sie viele lustige Stunden verbringen, nächtelang wiehern und ausdauernd durch den Großstadtdschungel traben. Ihrem Verhalten ist jegliche Geziertheit fremd. Ihr Jagdverhalten besteht eher darin, dass sie sich gerne pflegen lässt. Sie ist sehr beschäftigungsintensiv, was sich aber durchaus lohnt. Wenn Sie sich zu sehr vergaloppieren, kann ihr durchaus mal der Gaul durchgehen.

»Pferdefrauen« sind nicht wirklich gefährliche Jäger. Sie sind eher zuverlässige Begleiter.

»Kennenlernorte«

Viele Leute machen leider noch immer den Fehler, für den Flirt nur solche Orte aufzusuchen, die ihnen vertraut sind und an denen sie sich deshalb wohl fühlen. Daran ist zunächst nichts auszusetzen, außer, dass man dort sehr selten neue Leute kennen lernt.

Der richtige Ort

Männer und Frauen halten sich in ihrer Freizeit an ziemlich konträren Orten auf.

Männer gehen gerne zu sportlichen Großveranstaltungen oder in dunkle Bierpinten, wo sie Skat spielen und so genannte »Männergespräche« führen können. Frauen bevorzugen einen Einkaufsbummel mit ihrer besten Freundin. Falls Sie jemanden vom anderen Geschlecht kennen lernen wollen, müssen Sie mit den Rollenklischees brechen. Das schafft bessere Chancen. Wie wär's z. B. für die Damen mit einem Autoreparaturkurs. So ein Seminar ist nicht nur äußerst praktisch, sondern Sie werden außerdem von Männern umringt sein. Für die Herren gilt Entsprechendes. Wie wär's mit einem Kochkurs oder mit Aerobic-Stunden?

Halten Sie die Augen offen

Öffnen Sie Ihre Augen, und erweitern Sie Ihr »Jagdrevier«. Beim Kennenlernen denken die meisten erst einmal an Partys und Discotheken. Neue Kolleginnen oder Kollegen am Arbeitsplatz bemerken viele erst nach einem halben Jahr.

Wir kennen aus etlichen Hollywood-Schnulzen die Szene, in der einer jungen Dame vor dem Supermarkt eine gigantische, braune Papiertüte reißt und die Einkäufe bunt durcheinander kugeln. Natürlich eilt augenblicklich der »Held« helfend herbei. In dem Moment, in dem sich die beiden in die Augen schauen, setzen die Streicher ein.

Seien Sie etwas wacher, flexibler und fantasievoller als die übrigen Mitbewerber. Sie gewinnen so einen unüberwindbaren Vorsprung.

Trotz dieses bekannten Filmmotivs trotten täglich Millionen von Bundesbürgern griesgrämig durch die Gänge und Regale der Supermärkte, ganz so, als ob man keinen Bezug zwischen Hollywoodzauber und Realität herstellen könnte. Dabei ist eine witzige und gut platzierte Produktempfehlung an einen unentschlossenen Kunden im Supermarkt schon ein guter Anfang. Setzen Sie Ihr schönstes Lächeln auf, und preisen Sie das Produkt in bester TV-Spot-Manier an: »Nehmen Sie doch diesen; der schwimmt sogar in Milch!« Reichen Sie ein Geschirrspülmittel mit dem freundlichen Tipp: »Wenn's mal mit dem Nachbarn nicht klappt, ich hätte morgen noch nichts vor!« Wenn das Gegenüber Bereitschaft zum Flirten gepaart mit einem Hauch von Humor besitzt, dann haben Sie gute Chancen auf ein Wiedersehen oder wenigstens auf ein Lächeln.

Ein Flirt ist überall möglich

Ob im Aufzug oder an der Wursttheke, ob auf der Studentenfete oder dem Wiener Opernball: Flirten kann man immer und überall. Natürlich gibt es Locations, die eine gewisse Magie des Ortes mitbringen, aber das sind überwiegend Plätze, die sich für ein Date oder ein Rendezvous empfehlen. Zur ersten Kontaktaufnahme müssen Sie auf Ihre Ausstrahlung, Originalität und Wachheit vertrauen.

Grundformen des Flirts

Es gibt verschiedene Formen des Flirts. Vom Höflichkeitsflirt über den Gelegenheitsflirt bis zum ernsten Flirt ist alles möglich. Nicht jeder Flirt muss ja gleich zur trauten Zweierbeziehung führen. Oft wird ja auch um des Flirtens willen geflirtet.

Höflichkeitsflirts

Der Flirt beginnt beim Anlächeln einer fremden Person und endet im besten Falle auch dann nicht, wenn er zu einer festen Zweierbeziehung geführt hat.

Ein paar aufmunternde Worte zum Nachbarn, ein freundliches Lächeln im Fahrstuhl, ein kleines Kompliment an die alte Dame, der Sie die Tür aufhalten; das alles sind Situationen ohne direkte Ambitionen. Trotzdem: Man schafft so nicht nur eine gute Atmosphäre, sondern trainiert auch seine Flirtfertigkeit für den Ernstfall.

Gelegenheitsflirts

Zeit, Zufall und eigene Ausstrahlung sind wesentliche Faktoren dieses Flirts. Gelegenheitsflirts sollten den größten Teil Ihres Repertoires ausmachen. Zufällige Begegnungen in alltäglichen Situationen führen zu Sekunden der Nähe. Eine freundliche Beratung im Supermarkt, die nette Wegbeschreibung oder ein, zwei flott hingeworfene Sätze bieten häufig Anknüpfungspunkte für ein Wiedersehen.

Zweckflirts

Zweckflirts sind im Alltag und im Berufsleben unumgänglich. Verstehen Sie mich nicht falsch, Sie sollen sich nicht durchs Leben »schleimen« und auch niemanden ausnutzen. Wenn man sich Grenzen setzt und diese Flirts von beiden Seiten als spielerische Rituale angesehen werden, ist nichts Verwerfliches daran. Die Signale des Flirts werden genutzt, um Ziele zu erreichen. Charmanter Umgang mit der Chefsekretärin lässt Sie vielleicht doch in den Besitz eines Termins beim Chef kommen. Ein geschmeichelter Hausmeister schließt Ihnen vielleicht doch noch einmal die Tiefgarage auf. Es schadet deshalb nicht im Geringsten, den Flirt als Lebensphilosophie zu feiern. Er sorgt dafür, dass wir auf andere Menschen offen zugehen, und beschert angenehme Überraschungen.

Der Flirt muss nicht immer in eine feste Beziehung führen. Auf jeden Fall hilft er uns aber, das Leben angenehmer und menschlicher zu gestalten.

Der Ernstfall

Wir sprechen hier von willentlich herbeigeführten Situationen, die einen ersten Kontakt entstehen lassen sollen. Die Absicht liegt darin, diesen Kontakt möglichst intensiv auszubauen. Je nach Intensität und Geschick wird beim Gegenüber Interesse oder zumindest Neugierde geweckt. Das kann und soll dazu führen, eine freundschaftliche oder erotische Beziehung aufzubauen – mit der Perspektive einer gewissen Dauerhaftigkeit. Diesem Ernstfall gilt unser ganzes Interesse und Training!

Die Rahmenbedingungen

Wichtig für das erfolgreiche Flirten ist außer der generellen Flirtbereitschaft auch der persönliche Einsatz. Wie überall fällt einem hier nichts einfach in den Schoß. Sie müssen schon etwas investieren.

Der Faktor Zeit

Nur wer Zeit und Mühe in einen Flirt investiert, wird erfolgreich sein.

Wie wichtig ist Ihnen die Partnersuche, und vor allem wie viel Zeit sind Sie bereit, dafür zu investieren? Wie viele Stunden pro Monat, pro Woche, pro Tag ist Ihnen das Anliegen wert? Überlegen Sie, wie viele Bewerbungen Sie für einen neuen Job verschicken müssten und wie viele Besichtigungstermine und Maklerbesuche Sie für eine neue Wohnung in Kauf nehmen würden. Denken Sie auch an den Autokauf: Prospekte wälzen, Angebote vergleichen, Vor- und Nachteile abwägen, Probefahrten, Konditionen abgleichen, Finanzierungsmodelle durchrechnen. Selbst für eine simple Urlaubsreise sind wir bereit, stundenlang im Reisebüro zu sitzen, Kataloge zu studieren und die vielfältigsten und zeitraubendsten Vorbereitungen zu treffen.

Um wie viel mehr müssen Sie sich also in Liebesdingen engagieren, wenn Sie bereits für die Banalitäten des Lebens einen solchen Aufwand treiben! Nicht ohne Grund heißt es: »Von nichts kommt nichts.« Warum sollte es gerade bei der Partnersuche anders sein? Mit Ihrer Zeit sollten Sie da nicht knausern.

Die persönliche Ausgangsbasis

Wir begegnen im Laufe unserers hoffentlich langen Lebens einer Vielzahl von Menschen, aber nur ein geringer Prozentsatz davon kommt für uns als Flirtpartner in Frage. Einzelne Menschen erregen meist nur dann unsere Aufmerksamkeit, wenn sie unserer individuellen Auffassung von Attraktivität entsprechen. Die erste Information, die wir einem unbekannten Menschen bieten, ist ganz klar unser Aussehen. Von diesem ersten Eindruck hängt es zu 90 Prozent ab, ob wir jemandem mit Gleichgültigkeit, Interesse, Ablehnung und so mit Lust oder Unlust zur Kontaktaufnahme begegnen.

Für das Entstehen eines Flirts ist zu 90 Prozent der Ersteindruck verantwortlich.

Wer das Glück hat, gut auszusehen, wird oft angelächelt, angesprochen oder zumindest wohlwollend taxiert. Anfang der siebziger Jahre haben amerikanische Psychologen bereits bewiesen, dass attraktiven Personen auch sozial erwünschte Eigenschaften zugesprochen werden. Schöne Menschen, so bitter das auch klingen mag, hält man beim Ersteindruck für intelligenter, interessanter, sozialer, feinfühliger, sexuell aktiver, ehrlicher und geselliger. Die Unsicherheit von Menschen, die mit weniger ansprechendem Äußerem gesegnet sind, ist also nicht ganz unbegründet.

Bin ich schön?

Seien wir ehrlich, die meisten von uns plagen sich seit der Pubertät mit dem bangen Gedanken, ob sie attraktiv genug sind, um beim Ersteindruck die nötige Kontaktbereitschaft des anderen Geschlechtes zu erwecken.
Mit zunehmendem Alter wird diese Frage immer brennen-

der. Sind die Geheimratsecken zu hoch, ist der Busen zu klein, sind die Beine zu krumm, ist die Nase zu lang und der Bauch zu dick?

Wer auf Anhieb einen guten Eindruck hinterlässt, hat beim Flirten gute Karten.

Sie müssen keine Claudia Schiffer und kein Brad Pitt sein, um das Gegenüber beim ersten Kontakt von sich zu überzeugen. Wenn Sie einen positiven Eindruck hinterlassen, der über Äußerlichkeiten hinausgeht, wird sich auch Ihre Attraktivität für den anderen erhöhen.

Die Gewichtsfalle

Das wohl häufigste Problem, das den Flirtwilligen auf die Psyche drückt, ist Übergewicht und die damit zusammenhängenden Vorurteile. Aber unser Körpergewicht ist kein unabdingbares Schicksal, das wir hinnehmen müssen. Wir können unser Aussehen verändern (wenn auch oft mit großen Mühen). Wer so sehr darunter leidet, dass er sich das Flirten nicht zutraut, weil er sich seines Aussehens schämt, muss an sich arbeiten. Natürlich können dicke Menschen abnehmen, um sich in ihrer Haut wohler zu fühlen. Sie können aber auch ihr Selbstbewusstsein steigern, indem sie lernen, ihren Körper zu akzeptieren.

Ich kenne genug übergewichtige Menschen, die ihre Umwelt durch ihre Persönlichkeit und ihr positives Selbstwertgefühl beeindrucken. Gutes Aussehen alleine ist eben kein Garant für einen gelungenen Flirt. Letztlich können Sie dick, dünn, klein oder groß sein, was zählt ist die »Ausstrahlung«, und die ist bekanntlich eine Folge von Selbstbewusstsein.

Gesundes Selbstbewusstsein

Ich spreche hier von gesundem Selbstbewusstsein und nicht von Größenwahn. Denn nichts ist unangenehmer als Menschen, die auf übersteigerte Weise von ihrem erotischen Charisma überzeugt sind. Sie benehmen sich zum einen meist wie der »Elefant im Porzellanladen« und sichern sich zum anderen als »Schwätzer«, »Großmaul« und »Besserwisser« einen hinteren Platz in der Beliebtheitsskala.

Nichts macht einen Menschen attraktiver als Souveränität und Selbstbewusstsein.

Gesundes Selbstbewusstsein heißt, seinen Körper und sein Wesen als liebenswert anzunehmen und aus seinen Makeln und Stärken das Beste zu machen. Wagen Sie etwas, weil Sie an sich glauben, weil Sie charmant, nett, witzig und einfach prima sind!

Mut tut gut

Zaudern Sie nicht, und schrecken Sie vor allen Dingen nicht vor neuen Erfahrungen zurück. Erst wenn Sie den Mut haben, zu sich selbst und zu Ihren eigenen Wünschen zu stehen, werden Sie sich auch trauen, auf andere Menschen selbstbewusst zuzugehen.

Aufmachung und Outfit

Durch ein gut gewähltes Outfit lässt sich die Persönlichkeit gezielt unterstreichen.

Originalität ist für Singles in gewissem Sinne eine Notwendigkeit. Natürlich kann man andere mit einer auffallenden Erscheinung, einem Aufsehen erregenden Regenschirm, einer verrückten Brille oder einer ausgeflippten Uhr zunächst einmal auf sich aufmerksam machen. Viele »professionelle« Flir-

Versuchen Sie nicht mit allen Mitteln aufzufallen. Setzen Sie lieber »Glanzlichter«.

ter raten sogar dazu, Dinge zu tragen, die einen aus der Menge hervorheben. Leuchtende Farben, auffällige Schmuckstücke und verrückte Outfits sind allerdings nicht die Faktoren, die ich Ihnen zur Originalitätssteigerung unbedingt anraten würde.

Auffallen um jeden Preis kann nicht die Lösung sein. Stellen Sie sich vor, in allen Cafés und auf allen Partys würden jeder und jede sich bemühen, die schrillsten Farben, die kreischendsten Fummel und die wildesten Brillen zu tragen. Unsere Fußgängerzonen wären ein Alptraum in Pink und Neon. Man würde sich fühlen, als sei man in die Dreharbeiten zu »Ein Käfig voller Narren« gestolpert. Es steht eben auch nicht jedem, wenn er sich aufdonnert wie ein Pfingstochse. Die Devise lautet: Mut zur gekonnten Extravaganz – ja! Auffallen, koste es, was es wolle – nein!

Mut zur Veränderung

Oft fällt es nicht ganz leicht, sich zu Veränderungen durchzuringen. Man sollte es aber auf einen Versuch ankommen lassen.

Sie sollten den Mut zur Veränderung aufbringen. Sie beklagen Ihr Übergewicht, dessen Sie trotz größter Mühe nicht Herr werden? Dann kleiden Sie sich neu und geschickter ein. Modezeitschriften und Spezialboutiquen haben auch für den kräftigen Mann oder die kräftige Frau etwas anzubieten. Typberater können Ihnen helfen, Ihren Stil zu finden. Eine solche Veränderung zum Besseren hin steigert Ihr Selbstwertgefühl: Sie fühlen sich schön oder zumindest attraktiver. Man wird Ihnen ansehen, dass Sie sich wohl fühlen, und das ist ein großer Schritt auf dem Weg zum erfolgreichen Flirt.

Mach mehr aus dir!

Beschäftigen Sie sich intensiv mit Ihren Schwachstellen, denn nur so können Sie diese kaschieren und Ihre guten Seiten betonen. Machen Sie etwas aus Ihrem Typ. Eine neue Frisur, eine Haartönung, eine neue Brille, ein anderer Bart, Kontaktlinsen oder auch ein verändertes Make-up wirken oft Wunder. Ihre Umgebung kann Ihre inneren Werte nicht sehen. Sie müssen also den ersten »Hingucker« wohl oder übel mit Äußerlichkeiten provozieren. Pflegen Sie sich, denn auch reine Haut, schöne Hände und glänzendes Haar haben eine erotische Ausstrahlung.

Die Wahl der Mittel

Der feine Unterschied zwischen »aufbrezeln« und wirkungsvollem Outfit liegt in der Wahl der Mittel. Ein schlichter grauer Anzug, ein schwarzes geradliniges Kleid hat oft mehr Wirkung als eine glitzernde Pfauenbluse mit Perlenstickerei oder der goldfarbene Frack. Frauen ist zu raten, nicht die »Sexy-Hexi-Nummer« abzuziehen. Es ist zwar wissenschaftlich erwiesen, dass Männer bei Miniröcken und tiefen Dekolletees schnell interessiert sind. Aber: Eine allzu eindeutige Präsentation der sekundären Geschlechtsmerkmale stimuliert zwar die Paarungsbereitschaft, aber nicht unbedingt den Esprit.

Probieren Sie aus, was zu Ihnen passt. Nicht alles, was top-modisch ist, steht auch jedem.

Den Herren ist an dieser Stelle Ähnliches zu raten: Auch der durchtrainierteste und braun gebrannteste Oberkörper ist mit einer entsprechenden textilen Bedeckung wirkungsvoller als die nackten Tatsachen. Auch an legeren Freizeitorten sollte man dies beherzigen.

Wie bereits erwähnt, kann Kleidung Ihnen helfen, das Selbstvertrauen zu stärken. Als einziges Hilfsmittel genügt sie allerdings nicht. Jede noch so gut gemeinte Empfehlung von Freunden,

Bekannten und Verkäufern (bei Letzteren sollte man besonders skeptisch sein) ist dann fruchtlos, wenn Sie mit dem empfohlenen Kleidungsstück Probleme haben. Verzichten Sie auf Kleidung, in der Sie sich nicht wohl fühlen. Denn Sie werden sich darin bewegen wie ein Gorilla in einer Zwangsjacke und sich fühlen wie auf einer Karnevalsfete, bei der Sie den Preis für das schlechteste Kostüm des Abends gewonnen haben. Folgen Sie Ihrem Gefühl, und hören Sie nicht auf die Empfehlungen Ihres Umfelds.

Wenn man mit seinem Outfit Punkte machen will, muss man sich darin auch wohl fühlen.

Bleiben Sie sich treu

Ein unangenehmes »Feeling« tritt meist dann auf, wenn Sie von einem Bekleidungsextrem ins andere schalten. Wenn eine sportlich-natürliche Frau plötzlich von ihrer besten Freundin in Minirock und Highheels gesteckt wird, um »endlich mal einen Kerl kennen zu lernen«, dann wird sie ähnlich weiblich wirken wie ein zweitklassiger Damenimitator. Da nützt es auch nichts, wenn die Figur hervorragend und die Freundin begeistert ist. Eine Frau, die beruflich und privat nur in rustikalen Jeans unterwegs ist, sollte sich nicht beim ersten Rendezvous – wenn es schon so weit gekommen ist – in ein superknappes Abendkleid zwängen, auch wenn es ihre Figur erlaubt. Eine schicke Hose und eine lässige, aber feine Bluse statt des üblichen Holzfällerhemdes oder Sweatshirts verändern bereits ihren Typ, lassen aber noch genug Bewegungsfreiheit und Sicherheit im Auftreten. So ist ein sichtbares Wohlgefühl möglich, und ein erfolgreicher Flirt wird viel wahrscheinlicher.

Kleiden sie sich typgerecht. Wer Sachen trägt, die nicht zu ihm passen, wirkt schnell lächerlich.

Ein Mann, der sein halbes Leben im Blaumann zugebracht hat und die letzte Krawatte bei seiner Konfirmation trug, wird den weichsten Hemdkragen und den tollsten Designerschlips als Folterknecht empfinden. Ein Businessman, der einer eleganten Frau ohne Sakko und Krawatte gegenübertritt, wird sich nackt fühlen wie eine Schildkröte ohne Panzer. Da nützt es auch gar nichts, wenn ihm wohlmeinende Freunde geraten haben, er solle sich doch mal »locker« geben und nicht immer so steif herumlaufen.

Sinnvolle Investitionen

Man sollte sich mit Maß und Ziel für eine andere Garderobe entscheiden und nicht gleich auf einen Schlag das Girokonto mit einem Boutiquenbesuch ruinieren. Zu Hause stellt man nämlich oft fest, dass das eine oder andere Teil unnötig gekauft wurde, weil Sie es sowieso nie anziehen werden. Sie entlasten Ihr Konto und haben öfter das Einkaufsvergnügen, wenn Sie Ihre Garderobe nach und nach sinnvoll ergänzen. Machen Sie es sich auch zur Gewohnheit, mal das eine oder andere Stück daheim Probe zu tragen und immer wieder am Spiegel vorbeizugehen. Sie bekommen so Routine im neuen Outfit und fühlen sich am ersten Abend nicht wie verkleidet. Beweisen Sie Einfallsreichtum mit Ihrer Kleidung, und zeigen Sie Geschmack in der Kombination. Noch ein Tipp an die Herren: Frauen achten sehr auf Schuhe! Schon oft habe ich von einer Freundin auf die Frage nach der Verabredung vom Vorabend die Antwort »Falsche Schuhe!« bekommen.

Kleidungsstücke, die für den einen ein »Folterwerkzeug« sind, sind für den anderen ein schützender Panzer.

Weniger ist mehr

Gebrauchen Sie Ihre Kreativität, um ein besonderes Image zu entwickeln. Zeigen Sie der Welt, dass Sie einzigartig sind, ohne wie ein Papagei durch die Gegend zu stolzieren. Setzen Sie gekonnt Akzente.

Mimik, Gestik & Haltung

Verhaltensforscher haben die Bedeutung der wortlosen Verständigung ausgiebig erforscht. Ungefähr 70 Prozent der menschlichen Kommunikation laufen ohne Worte ab. Grund genug also, Ihnen einige Fakten mit auf den Weg zu geben.

Der Blick

Über die Augen nehmen wir den ersten Kontakt zum Gegenüber auf.

Die Augen sind sozusagen der Sammelpunkt unserer seelischen Abläufe und verraten oft mehr als uns lieb ist. Die Augen als faszinierender Seelenspiegel zwingen praktisch zu lautmalerischen Formulierungen. Sie haben ein Auge auf jemand geworfen, nehmen Blickkontakt auf und genießen den Augen-Blick. Auch haben Sie bestimmt schon gehört, dass man in Ihren Augen lesen kann wie in einem offenen Buch. Die Augen sind das primäre Kontaktorgan. Der rastlosen Bildübermittlung der Augen an Ihr Gehirn verdanken Sie, dass Sie den einen oder anderen »Blickfang« überhaupt wahrnehmen. Erst nachdem Ihnen jemand in die Augen geschaut hat, lässt er den Blick zu anderen Stellen Ihres Körpers wandern. Ein gekonnter Blickkontakt ist und bleibt somit der beste Weg zur Kontaktaufnahme. Schauen Sie Ihrem Gegenüber nicht in die Augen, fühlt es sich nicht wahr- und somit auch nicht angenommen. Ein möglicher Flirt wird so schon im Keim erstickt.

Das Geheimnis

Das Geheimnis des prickelnden Blickkontaktes ist die unbewusst wahrgenommene Pupillenerweiterung. Wenn wir etwas Interessantes wahrnehmen, vergrößern sich unsere Pupillen um fast 45 Prozent. Man sollte auf seine Augen achten und Blickkontakte zulassen. Verschleiern Sie sich also Ihren Blick beim Flirt nicht durch ständige Alkoholaufnahme. Legen Sie bei Kosmetik besonderen Wert auf Präparate, die die Augen betonen. Lassen Sie bei der Auswahl von Brillen und Kontaktlinsen besondere Sorgfalt walten, und versperren Sie den »Zugang« zu Ihren Augen nicht durch dunkle Brillen oder lange Haarsträhnen, auch wenn das als besonders cool gilt.

»Einen Blick, geliebtes Leben, und ich bin belohnt genug!«
Johann Wolfgang von Goethe

Die Dauer des Blicks

Es gibt eine Regel, die so alt ist wie das Flirten selbst und die auch im sportlichen Bereich stets für Höchstspannung sorgt: Die Wiederholung und die Verlängerung entscheiden das Match. Der erste Blick sollte (noch ohne Lächeln) einfach signalisieren »Ich habe dich wahrgenommen« und keinesfalls länger als vier Sekunden dauern. Schauen Sie jemanden länger und ohne Unterbrechung an, so nennt man das starren! Und das wird im Allgemeinen als unangenehm empfunden. Gerade Frauen sehen das als Eingriff in die Intimsphäre und fühlen sich unter Druck gesetzt. Männer hingegen werden durch überlanges Anglotzen meist verunsichert. Sie vermuten dann Ketschup auf der Krawatte, einen Pickel auf der Stirn oder einen offenen Hosenlatz. Die »Starrer« haben bereits verloren und werden, wenn es besonders dumm läuft, noch angeschnauzt, ob sie vielleicht ein Passbild benötigen.

Kontakt halten!

Erwarten Sie nicht, dass Ihr Gegenüber beim ersten Blickkontakt vor Begeisterung in Ohnmacht fällt.

Zählen Sie beim ersten Hinschauen also getrost die vier Sekunden ab. Den zweiten Blick begleiten Sie dann mit einem charmanten Lächeln (Lächeln, nicht Grinsen!). Verlängern Sie den Blickkontakt etwas, wenn er erwidert wird. Falls nicht, dann müssen Sie wieder zurück auf »Los«. Ist der zweite Blick von Erfolg gekrönt, dürfen Sie das »Objekt der Begierde« nicht mehr aus den Augen verlieren. Halten Sie, auch wenn Sie sich gerade in einem Gespräch mit einem netten Kollegen, Ihrer Mutter oder einem guten Freund befinden, stets unauffällig Ausschau nach einer Wiederaufnahme des Blickkontakts.

Je intensiver der Kontakt wird, umso länger dürfen Sie auch den »Augenblick« wagen. Doch Vorsicht: Es gibt immer noch Menschen, die das beliebte Teenagerspiel »Wer kann wem länger in die Augen schauen, wer gibt zuerst auf und hält dem Dauerblick nicht stand?« spielen. Die meisten Leute finden dieses Spiel aber nicht sonderlich originell.

Bitte recht freundlich

Manchmal ist es Ihnen situations- oder ortsbedingt nicht möglich, mit einem Blickkontakt zu beginnen. Sie müssen also jemandem, der Sie vorher (leider) noch nicht bemerkt hat, mit einem unmittelbaren Ansprechen begegnen. Blicken Sie in dieser Situation ganz besonders freundlich, um für das Gegenüber aus dem unverhofften »Überfall« eine möglichst angenehme Überraschung zu machen.

Die Mimik

Ein nettes Lächeln ist das beste Flirtsignal. Wenn ein Mensch Ihnen so gut gefällt, dass Sie ihn kennen lernen wollen, ist das Lächeln Ihre wirkungsvollste Waffe. Sie verringern durch Ihre Mimik Distanz und fordern Ihr Gegenüber zur Zustimmung für diese Distanzminderung auf. Reagiert es nämlich mit einem Lächeln, gibt es Ihnen die Erlaubnis, die Distanz zu verkleinern. Vorsicht, manche Männer – und diese Spezies gibt es leider nicht so selten – missverstehen ein höfliches Antwortlächeln als Aufforderung für die völlige Auflösung der natürlichen Distanz. Das kann unter Umständen sehr anstrengend und nervtötend sein. Generell sollte man tunlichst auf frivoles »Ich bin sowieso unwiderstehlich«-Lächeln oder selbstgefälliges diabolisches Lächeln à la J. R. Ewing und Jack Nicholson verzichten.

Lächeln Sie nett und natürlich. Einstudiertes, affiges Grinsen wirkt abstoßend.

Fest steht dennoch, dass Menschen, die bei der ersten Begegnung eine ausgeprägte Mimik zeigen, besser ankommen. Sie erzeugen mehr Sympathie als unaufmerksame Muffel mit eisigen und starren Gesichtszügen.

Es gibt verschiedene Reaktionsmöglichkeiten auf ein Anlächeln. Wenn er oder sie durch Heben der Augenbrauen und ein Zurücklächeln positiv antwortet, haben Sie gute Karten. Sie können einen Gesprächskontakt wagen, wenn es Ihnen gelingt, den Kontakt über eine Weile aufrechtzuerhalten.

Auch beim Lächeln heißt es Kontakt halten! Ein Antwortlächeln bedeutet noch keine Einladung zum Flirt.

Keine Reaktion?

Die häufigste Reaktion auf ein Lächeln ist leider eine nichtssagende Neutralität des Gegenübers. 75 Prozent der »Lächelinitiativen« enden so. Die meisten Flirter machen hier den großen Fehler, zu leicht aufzugeben. Sie lesen in der neutralen Haltung sofortige Ablehnung und einen eindeutigen Korb. Aber vielleicht will sich Ihr Gegenüber ja nur nicht so schnell entscheiden oder ist unsicher, ob Ihr Lächeln auch wirklich ihm galt. Ziehen Sie doch einmal die für Sie günstigen Möglichkeiten in Betracht, dass der/die Angelächelte vielleicht nur abgelenkt ist, auf der Leitung steht oder die Brille vergessen hat. »Think positive!« heißt es auch hier. Bewahren Sie sich also bitte Ihre Erfolgschancen, und lassen Sie es auf einen erneuten Versuch ankommen.

Auch wenn Ihr Gegenüber nicht sofort reagiert, sollten Sie nicht gleich aufgeben.

Die wohl unangenehmste Reaktion auf Ihre Lächeln ist echtes Desinteresse oder massive Ablehnung. Heruntergezogene Mundwinkel und demonstrative Präsentation des Rückens (die berühmte »kalte Schulter«), Wegrücken des Stuhles aus Ihrer Blickrichtung und Ähnliches sind die untrüglichen Zeichen einer Abfuhr. Hier können Sie keinen Blumentopf mehr gewinnen, und nur sehr hart gesottene und zum Äußersten entschlossene Kandidaten wagen einen Neubeginn. Ich finde, man sollte in solchen Fällen Größe zeigen und den Korb ohne Murren einstecken.

Körpersprache und Gestik

Eine lebhafte Körpersprache steht unter anderem für Umtriebigkeit, Aufgewecktheit, Aktivität und für physische Attraktivität. Attraktive Menschen zeigen häufig eine ausgeprägte Körpersprache, da sie körperlich weniger verkrampft und ängstlich sind. Mit attraktiv sind nicht unbedingt »schöne« Menschen gemeint, sondern solche, denen es durch Selbstannahme und Selbstbewusstsein gelingt, sicher und positiv auf andere Leute zuzugehen. Offenheit und Lebhaftigkeit, die durch aktive Körpersprache ausgedrückt werden, kommen gut an. Untersuchungen haben zudem bewiesen, dass Frauen spontaner und positiver auf die »nonverbalen Kommunikationssignale« reagieren als Männer.

Ein wichtiges Element beim Flirt ist die so genannte nonverbale Kommunikation.

Körpersprache der Frau

Der bekannte Verhaltensforscher Irenäus Eibl-Eibesfeldt führte in den sechziger Jahren eine umfassende Studie zum menschlichen Flirtverhalten durch. Er fand dabei einige Grundmuster in der Körpersprache, die bei Männern und Frauen aber sehr unterschiedlich sind.

Frauen versuchen auffallend häufig, durch bestimmte Haltungen und Bewegungen, Busen und Po (sekundäre Geschlechtsmerkmale) zu betonen und so die Aufmerksamkeit auf sich zu lenken. Ist die Kontaktaufnahme gelungen, wird das Gegenüber mit hochgezogenen Brauen und weit geöffneten Augen kurz angelächelt. Darauf folgt eine »Demutshaltung«. Die Frau schaut seitlich nach unten weg und senkt dabei die Augenlider. Durch diese Kopfdrehung wird dem Gegenüber der entblößte Hals präsentiert, was gleichzeitig eine »Unterwerfungsgeste« ist. Netter formuliert heißt das etwa »ich bin bereit für einen erotischen Angriff«. Ebenfalls in Richtung Unterwerfung geht es, wenn die Frisur mit der Hand korrigiert wird oder langes Haar über die Schulter nach hinten geworfen wird (Freilegen des Halses).

Die Körpersprache von Männern und Frauen ist beim Flirten sehr unterschiedlich.

Imponiergehabe des Mannes

Auch bei Männern gibt es stets wiederkehrende Verhaltensmuster. Männer wollen beeindrucken und Dominanz demonstrieren. Zurücklehnen im Stuhl, Spreizen der Beine, Verschränken der Hände im Nacken, Anheben der Ellenbogen

Männer versuchen durch raumgreifende Gesten, ihre Potenz und Dominanz hervorzuheben.

und das Vorwölben der Brust haben die Funktion, die Brust optisch zu verbreitern, die Achselhöhlen und die Scham freizulegen und Sexualduftstoffe zu verströmen. Außerdem wird durch Spreizen der Arme und der Beine das schmale männlich Becken betont. Der Mann bewegt sich in Gegenwart einer Frau auch weniger als unter Männern. Muss er bei seinem eigenen Geschlecht Mobilität und agile Kampfbereitschaft demonstrieren, so versucht er gegenüber einer Dame gelangweilte Harmlosigkeit zu demonstrieren. Übertriebenes und durchschaubares Interesse kommt nämlich nicht gut an. Entgegen dem männlichen Selbstverständnis ist es die Frau, die sich den Partner erwählt, und sie will das Gefühl haben, um den Bewerber kämpfen zu müssen.

Auf die Dosis kommt es an

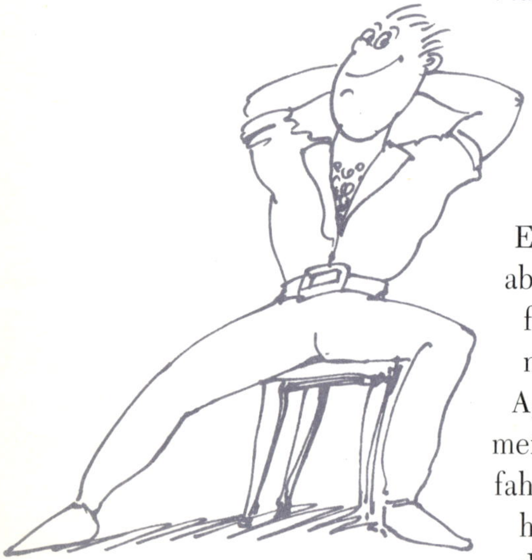

Es gibt natürlich auch bei der Gestik feine Abstufungen. Lebhafte Gesten, das gekonnte Unterstreichen des gesprochenen Wortes wirken sich positiv auf Ihren Gesprächspartner aus. Es gibt aber auch Gestik, die gewaltig abstößt. Wildes, unkoordiniertes Herumfuchteln macht den Gesprächspartner nervös und signalisiert unkontrollierte Aggressivität. Es macht das Gegenüber meist wütend, wenn man ihm ständig mit fahrigen Bewegungen vor dem Gesicht herumfuchtelt. Meist ist die Geschwindigkeit der Gesten und ihre Nähe zum anderen für ein Einfrieren der Stimmung verantwortlich. Und in einem hektischen, angespannten Klima kann kein Mensch flirten.

Vor allem Männer neigen zu Gesten, die Macht und Entschlossenheit ausdrücken sollen. Die geballte Faust, der erhobene oder auch der durchbohrende Zeigefinger können für den Flirt tödlich sein. Denn zwischen den Zeilen ist die Nachricht »dir werd ich's schon zeigen!« zu lesen, auch wenn der Inhalt der Worte um ein ganz anderes Thema kreist.

Gerade beim Flirt ist es wichtig, das richtige Maß zwischen Aktion und Reaktion zu finden.

Das andere Extrem – Bewegungsarmut, verschränkte Arme etc. – sind für einen Flirt ebenfalls wenig förderlich. Verhaltensgeschichtlich sollen vor der Brust verschränkte Arme das Herz und übereinander geschlagene Beine den Genitalbereich schützen. Diese beiden Bereiche sind aber für ein erotisches Gespräch von großer Wichtigkeit. Man sollte daher bei bestehendem Interesse am Gegenüber keinesfalls auf solch ungeschickte und verschlossene Art »mauern« und sich dadurch selbst in die Isolation bringen.

Sie sollten darauf achten, nicht zu lange in einer Position zu verharren, denn statische Grundhaltungen wirken fade und wenig vital. Aktives Zuhören mit einer lockeren, selbstbewussten und ruhigen Körperhaltung (vermeiden Sie eingezogene Schultern, hängenden Kopf oder verdrechselte Beine) wirkt sich dann positiv aus, wenn es etwa im Zehnsekunden-Takt eine dynamisierende Auflockerung durch Körpersprache erhält.

Eine ruhige, lockere Körpersprache sorgt für eine entspannte Stimmung und lässt den Flirt so zu einem angenehmen Erlebnis werden.

Sie denken jetzt wahrscheinlich: »Ach, du lieber Gott, wie soll ich da entspannt wirken, wenn ich funktionieren soll wie ein Uhrwerk!« Aber beruhigen Sie sich. Natürlich sollen Sie keine Hochpräzisionschoreographie mit der Stoppuhr durchziehen. Die Sekundenangabe dient der Trockenübung zu Hause vor dem Spiegel oder am Küchentisch. Sie werden sehen, dass es Ihnen (wie den meisten Menschen) ohnehin ein Bedürfnis ist, Ihre Haltung in etwa diesem zeitlichen Abstand zu verändern.

Das gesprochene Wort

Sie wissen nun schon so einiges über den Flirt als solchen, über Ihr Gegenüber, über die geeigneten Orte, über Ihre Ausstrahlung und über Erfolg versprechende Strategien. Die Grundvoraussetzungen sind also geschaffen. Sie müssen nun den Sprung ins kalte Wasser wagen und das Wort ergreifen.

Die Stimme

Wer über eine warme, angenehme und klare Stimme verfügt, hat beim Flirten einen entscheidenden Vorteil.

Erlauben Sie mir für die Erläuterung der Bedeutung der Stimme folgendes Wortspiel: Die Übereinstimmung von Stimme und Stimmung ist stimmig. Wenn wir uns wohl fühlen, ist unsere Stimme klarer, voller und wärmer, als wenn es uns schlecht geht. Krächzend, undeutlich, tonlos und zittrig sprechen wir in angespannten Situationen. Jeder kann sich mit Sicherheit an irgendeine mündliche Prüfung oder ein anstrengendes Bewerbungsgespräch erinnern, bei der oder bei dem man sich mehrfach räuspern musste, um einen verständlichen Satz über die Lippen zu bringen. Im schlimmsten Falle blieb einem sogar das Wort im Halse stecken, und man war im wahrsten Sinne sprachlos.

Kopf- und Fistelstimmen sind uns in der Regel unangenehm, und der »Brustton der Überzeugung« trägt seinen Namen mit Berechtigung. Natürlich kann nicht jeder Mann einen warmen Bassbariton haben. Und nur wenige Frauen haben eine von Männern sehr geschätzte tiefe und rauchige Sexy-Stimme. Doch trösten Sie sich, wenn Sie »nur« eine ganz normale Stimme haben. Sie können ja zumindest mit kräftiger und deutlicher Stimme sprechen.

Sprechen Sie immer ausreichend laut und deutlich. Eine tonlose und vernuschelte Aussprache macht es Ihrem Gegenüber unnötig schwer.

Fehler beim Sprechen

In der Psychologie wird extrem leises Sprechen mit dem Wunsch gleichgesetzt, dass nicht alles verstanden werden soll. Es zeigt, dass man sich seines Anliegens oder seiner Aussage nicht sicher ist oder Vorbehalte gegenüber den Konsequenzen hat. Stellen Sie sich eine Sprechsituation in einem Raum mit Gläsergeklapper und Hintergrundmusik vor. Sie werden einsehen, dass Sie es mit einem leisen Stimmchen Ihrem Flirtpartner schwerer machen als nötig. Sie brauchen natürlich nicht zu brüllen. Damit würden Sie nämlich Gefahr laufen, dass sich Ihre Stimme überschlägt oder einfach nur schrill wird. Setzen Sie beim Sprechen einfach etwas tiefer an, und artikulieren Sie mit Deutlichkeit und Klarheit. Wenn Ihre Stimme fest genug ist, stellt sich dennoch die Gretchenfrage »Was sage ich?« Diese Frage lässt sich natürlich nicht pauschal beantworten, doch auch hier gibt es Standardsituationen, die sich mit einem erlernten Repertoire spielend bewältigen lassen. Beherzigen Sie die nun folgenden Orientierungen, und dann nichts wie ran an den Speck!

Der Büroflirt

Wir wollen mit dem einfachsten und problemlosesten Fall beginnen, denn der Kollegenflirt ist ein Kinderspiel. Sie kennen Ihr Gegenüber seit längerem. Sie haben schon öfter, teilweise sogar schon sehr oft miteinander gesprochen, bevor Ihnen aufgegangen ist, wie gut Ihnen die Person eigentlich gefällt. Ich erwähnte bereits, dass die meisten Büroflirts langsamer anlaufen als in anderen Bereichen üblich. Berufliche Belastung, Alltagshektik, dringende Termine und die am Arbeitsplatz gebotene Distanz verhindern oft den Blick für das Wesentliche. Sie brauchen also in der Regel etwas länger, bis Sie das »Juwel« in Ihrer Umgebung wahrnehmen.

Nur wenige Menschen wissen, dass gerade der Arbeitsplatz der ideale Ort für einen Flirt ist.

Risiken und Nebenwirkungen

Vermutlich beginnen Sie jetzt aber bereits zu zaudern: »Wie sieht das denn aus? Was ist, wenn das jemand im Büro mitbekommt? Wie stehe ich denn da, wenn ich einen Korb kriege?« Sie fürchten sich also vor den Konsequenzen und haben Angst vor dem Risiko, sich vor Kollegen und Vorgesetzten lächerlich zu machen. Die eigene Verwundbarkeit an einem Ort, an dem Sie sich die meiste Zeit des Tages aufhalten, macht Ihnen Sorgen.

Zu all diesen Skrupeln kann ich nur eines sagen: Über ein Drittel aller partnerschaftlichen Beziehungen haben am Arbeitsplatz begonnen! Ist das nicht Grund genug, die Bedenken über Bord zu werfen? Also seien Sie charmant und aufmerksam, loben und kokettieren Sie oft und ausgiebig, um sich eine gute Startposition zu sichern. Gehen Sie gelegentlich auf private Interessen ein, ohne dem anderen das Gefühl zu geben, ausgefragt zu werden.

Haben Sie beim Büroflirt keine Angst vor Gerede; es geht schließlich um Ihr persönliches Glück.

Wenn Sie es allmählich geschafft haben, über nette Kurzgespräche und den Austausch von Freundlichkeiten hinauszukommen, sollten Sie ein Date für den Abend oder das Wochenende vereinbaren. Schließlich soll der oder die Auserkorene merken, dass Sie sich auch außerhalb der vier Bürowände für ihn/sie interessieren.

Themenwechsel

Vorsicht, klammern Sie sich außerhalb des Büros keinesfalls an das verbindende Thema »Firma Schachtelhuber & Söhne«, der Abend könnte schnell zum üblichen Kollegentratsch verkommen. Da Ihre Ambitionen aber über das »Geschäftliche« hinausgehen, sollten Sie netteren und privateren Gesprächsstoff finden.

Kleinster gemeinsamer Nenner

Ein weiteres Beispiel für eine leichte Kontaktaufnahme ist das Zusammentreffen auf einer Veranstaltung, die auf ein gemeinsames Interesse hinweist. Wir können also davon ausgehen, dass es mathematisch gesehen einen kleinsten gemeinsamen Nenner gibt. Das heißt, Sie sehen sich auf einer Party und haben zumindest einen gemeinsamen Gastgeber. Ist der Blickkontakt und das Anlächeln vorausgegangen, können Sie sich dem Gegenüber getrost nähern und es ganz konkret auf ein Thema aus dem gemeinsamen Interessengebiet ansprechen. Wie Sie es sagen, oder besser, wie Sie eine Frage geschickt formulieren, werde ich später genauer erklären.

Wenn Ihnen ein Anknüpfungspunkt fehlt, um ein Gespräch zu beginnen, sollten Sie nach einer Gemeinsamkeit suchen.

Finden Sie Gemeinsamkeiten

Der Besuch der gleichen Veranstaltung weist auf ein gemeinsames Interesse hin, das Sie für ein Gespräch nutzen können.

Die Königsdisziplin beim Flirten ist der Flirt mit einer gänzlich unbekannten Person, die Sie noch nie gesehen haben und von der Sie absolut nichts wissen. Sie müssen zunächst einmal davon ausgehen, dass es unter Umständen keine Gemeinsamkeiten gibt, über die man sprechen könnte.

Aber denken Sie einmal nach. Die Tatsache, dass sie sich zur gleichen Zeit am gleichen Ort aufhalten (z. B. Theater, Vernissage, Volkshochschulkurs), ist ja bereits eine Übereinstimmung. Egal, über was Sie reden, versuchen Sie sofort eine Gemeinsamkeit herzustellen. Finden Sie Themen, die ein Wir-Gefühl entstehen lassen. Geschickt kann ein solcher Eindruck über rhetorische Fragen wie »Geht es dir nicht auch so, dass …« oder »Haben Sie nicht auch den Eindruck, dass …« vermittelt werden.

Der Ton macht die Musik

Aber wir machen uns in solchen Situationen zu viele Gedanken darum, was wir sagen, und viel zu wenig darüber, wie wir es sagen. Dabei ist die Art und Weise, in der wir unser Anliegen an jemand herantragen, oft entscheidend. Natürlich kennen wir alle die leicht antiquierte Redensart »der Ton macht die Musik«. Aber aus Nachlässigkeit, Vergesslichkeit oder Nervosität schenken wir dieser immer noch gültigen Lebensregel leider oft nicht die nötige Beachtung. Wird etwas charmant lächelnd und nicht breit grinsend, subtil witzig und nicht grob zotig, feinsinnig frotzelnd und nicht derb kalauernd vorgetragen, so sind die Erfolgschancen bei gleichem Wortlaut sehr unterschiedlich.

Der »todsichere« Spruch

Ein simpler Flirt verlangt zunächst keine filigran ziselierten Wortfiguren. Man sollte auch beim Ansprechen keine Scheu vor Banalitäten haben. Lassen Sie die Kirche ganz einfach im Dorf, denn die ersten Sätze sind nichts anderes als kurze Funkbotschaften, um in Kontakt mit jemand zu treten.

Beim Flirt gibt es keinen ultimativen flotten Spruch, der den Flirtpartner für Sie einnimmt.

Vor allem Männer glauben häufig, es gäbe einen ultimativen Zauberflirtspruch, der immer funktioniert. Eine kleine Auswahl der Sprüche, die nach praktischer Erfahrung von einer nicht zu vernachlässigenden Anzahl von Männern für solche »Evergreens mit Erfolgsgarantie« gehalten werden, finden Sie im Kapitel »Die Don'ts«. Quälen Sie sich nicht unnötig. Es gibt beim Kennenlernen keine ultimative Anmache. Wenn es denn unbedingt Sprüche sein müssen, dann suchen Sie bitte nicht bei anderen danach, sondern legen Sie sich Ihr eigenes Repertoire zurecht. Originell dürfen Sie freilich sein, denn eine humorvolle Kontaktaufnahme hat selten geschadet. Auf Vorformuliertes können Sie übrigens getrost verzichten, wenn Sie Ihren Mut zur Spontaneität etwas trainieren. Wenn Ihnen der Gesprächsstoff ausgeht, dann machen Sie doch einfach mal das Problem zum Thema: »Komisch, jetzt bin ich heute ausnahmsweise mal zur richtigen Zeit am richtigen Ort und finde keinen richtigen Satz, um dich anzusprechen!« Das ist auf jeden Fall besser als ein Kompliment, das er oder sie schon tausendmal gehört hat. Erzählen Sie einfach das, was Ihnen gerade in den Sinn kommt. Seien Sie ruhig ganz spontan, aber auf keinen Fall aufdringlich. Sollten Sie mit einer Frage beginnen wollen, so möchte ich Ihnen noch ein paar kurze Informationen zur Theorie der Fragestellung mit auf den Weg geben.

Legen Sie beim ersten Treffen Liebesschwüre in die Schublade mit der Aufschrift »zur späteren Verwendung«.

Fragen über Fragen

Mit der richtigen Frage kann man sein Gegenüber ganz einfach in ein nettes Gespräch verwickeln.

Wenn wir einen kleinen Ausflug in die Tiefen unserer Muttersprache machen, stellen wir fest, dass es Fragen gibt, die kurze Antworten verlangen, solche, auf die längere Ausführungen erwartet werden, und auch solche, die keiner ausdrücklichen Antwort bedürfen.

Rhetorische und geschlossene Frage

Die Frage ohne Notwendigkeit einer Antwort ist den meisten als die »rhetorische Frage« bekannt. Auch recht anspruchslos ist die »geschlossene Frage«. Sie ist zumindest theoretisch mit »Ja« oder »Nein« völlig korrekt beantwortet.

Alternativfrage und offene Frage

Die »Alternativfrage« ist da schon etwas anspruchsvoller. Denn sie erfordert zumindest die Entscheidung zwischen zwei komplexeren Angeboten.

Die anstrengendste Frageform ist eindeutig die »offene Frage« oder »W-Frage«. »Wer, wie, was, wieso, weshalb, warum, wer nicht fragt, bleibt dumm« wird bereits den Kindern in der »Sesamstraße« eingebläut. Diese kleinen W-Wörtchen erfordern also längere Ausführungen, Erläuterungen und Stellungnahmen des/der Befragten, die diese schnell in Bedrängnis führen können.

Auch wenn Sie die richtigen Fragen stellen, kann es passieren, dass der Gesprächspartner die falschen Antworten gibt.

Tolle Frage, kurze Antwort

Sie wissen nun um die unterschiedlichen Antwortmöglichkeiten auf Ihre Fragen. Stimmen Sie also Ihre Erwartungshaltung darauf ab. Machen Sie sich bewusst, dass eine originelle und ausgefeilte geschlossene Frage durchaus mit einem kurzen »Nein!« beantwortet werden kann. Ihr Problem beginnt dann von vorne. Wenn Sie also alle Hoffnungen auf eine Frage setzen, können Sie schnell »alt aussehen«. Man möchte meinen, die logische Konsequenz sei, Fragen so zu formulieren, dass man recht umfangreich antworten muss, um das Gespräch in Gang zu halten. Aber falsch gedacht!

Begegnen Sie Fremden möglichst mit geschlossenen Fragen, die ihnen keine komplexen Antworten abnötigen.

Wie soll man fragen?

Untersuchungen haben gezeigt, dass die meisten Menschen, die von Fremden angesprochen werden, auf offene Fragen zunächst ablehnend reagieren. Nicht etwa weil sie unkommunikativ sind, sondern weil sie schlicht und ergreifend überfordert sind. Achten Sie mal bei Ihrem nächsten Bummel in der Fußgängerzone auf die Informationsstände von Tierschützern und Meinungsforschungsinstituten. Die geschulten professionellen Frager würden Sie nie mit dem Satz »Wie denken Sie über Massentierhaltung?« ansprechen. Die Profis fragen »Haben Sie einen Moment Zeit?« oder »Sind Sie gegen Tierquälerei?«, um Ihnen Zeit zu geben, sich auf das Thema und die ungewöhnliche Situation einzustellen. Also geben Sie dem reizvollen Gegenüber die Chance, sich auf Sie einzustellen. Folgendes Beispiel soll Ihnen den richtigen Umgang mit Fragen und Antworten nahe bringen.

Sie: Das ist doch ein Wahnsinnskonzert, oder?
→ Rhetorische Frage; Zweck: Kontaktaufnahme und Hinführung zum Gesprächsthema
Er: Mmh.
→ Keine echte Antwort
Sie: Ist das dein erstes Openair in diesem Jahr?
→ Geschlossene Frage; Weiterführung, »nähere« Überprüfung des Gesprächspartners

Denken Sie daran, dass Ihr Gegenüber von Ihrer plötzlichen Frage überrascht sein könnte und nicht sofort antwortet.

Er: Ja, mein erstes überhaupt!

➔ Korrekte Kurzantwort; allmähliches Wachwerden

Sie: Ja ehrlich, du warst noch nie auf einem Openair?

➔ Geschlossene Frage; eigentlich unnötig, da die Antwort bereits vorliegt; Ziel: den Gesprächspartner aus der Reserve zu locken, ohne ihn zu überfordern

Er: Nein, ich dachte immer, das sei nichts für mich, zu viele Menschen, zu viel Gedränge und so.

➔ Korrekte Antwort und »freiwillige Erweiterung«, die Gesprächsbereitschaft signalisiert

Sie: Und denkst du jetzt anders, oder haben sich deine Befürchtungen bewahrheitet?

➔ Alternativfrage, die dezent weiterführt

Er: Nein, ganz im Gegenteil, es gefällt mir richtig gut.

➔ Korrekte, erweiternde Antwort

Sie: Und woran liegt das?

➔ Offene Frage mit größerer Erwartung

Er: Naja, die Vorgruppe war spitze, die Bühnenshow ist klasse, Superwetter, nette Leute und ausgesprochen hübsche, neugierige Frauen!

➔ Er ist »angesprungen«

Sie: Oh, vielen Dank für die Blumen!

➔ Geplänkel

Er: Bitte, bitte keine Ursache. Ehre, wem Ehre gebührt!

➔ Höflichkeitsgeplänkel

Sie: Ein echter Kavalier. Wo lernt man denn so etwas?

➔ Offene Frage mit nicht ganz ernst gemeintem Inhalt

Er: Auf Openair-Konzerten, wir machen nämlich heute unseren Abschlussausflug vom Volkshochschulkurs »Antiquiertes Flirten leicht gemacht!«

➔ Er entwickelt humorvolles Balzverhalten.

Sie: So, so, jetzt weiß ich also, warum du hier bist! Du hast wohl an dem Kurs schon öfter teilgenommen, was?

➔ Begibt sich auf die gleiche Ebene und signalisiert mit dieser geschlossenen Frage die Bereitschaft zur Teilnahme an der weiterführenden Blödelei

Er: Klar, muss ich doch, ich bin doch der Kursleiter!

➔ Geplänkel

Sie: Davon hat man aber vorhin nichts gemerkt!

➔ Geplänkel

Er: Alles Taktik, sag ich dir. Ich habe nur vorhin schon überlegt, was ich dir zu trinken bestellen soll. Wie wär's mit einem romantischen Becher Bier?

➔ Er hat begriffen, dass er die Initiative ergreifen muss, um sich für ihren Mut zu revanchieren.

Sie: Sie dürfen!

➔ Ironische Sie-Form und Zustimmung

Er: Da hinten scheint es nicht ganz so voll zu sein, und bis zur nächsten Gruppe dauert es noch eine Weile. Lass uns doch dahin gehen. Das letzte Lied von der Vorgruppe gefiel mir unheimlich gut, kanntest du das?

➔ Er ergreift die Initiative, spricht nun wieder auf einer ernsthafteren Ebene und stellt Fragen zum gemeinsamen Konzerterlebnis.

Die Dame hat ihr Ziel erreicht. Hätte Sie ihn gleich mit zu spezifischen offenen Fragen angesprochen, hätte er sich vielleicht unter Druck gesetzt gefühlt. Durch ihre rhetorischen Frage konnte er sich auf die Situation einstellen und zu einer humorvollen Schlagfertigkeit finden.

Wenn Sie unverhofft angesprochen werden, sollten Sie freundlich und höflich reagieren.

Eine Unterhaltung mit Fremden muss meist erst langsam »warm laufen«. Bleiben Sie also am Ball.

Die »Don'ts«

Es gibt einige Verhaltensweisen, die man als sichere Flirtkiller bezeichnen kann. Zur Kontrastierung mit dem erfolgreichen Flirt werde ich Ihnen in diesem Kapitel einige grundlegende Fehler nahe bringen. So manches Fettnäpfchen kann umgangen werden, wenn man es rechtzeitig erkennt.

Die absoluten Flirtkiller

Wer beim Flirt erfolgreich sein will, sollte auf seine Umgangsformen achten und schlechtes Benehmen vermeiden.

Im nun folgenden, bewusst übertriebenen Abschnitt zeige ich Ihnen eine kleine Auswahl an krassen Verfehlungen. Die dümmsten Sprüche, die unmöglichsten Aktionen, die geschmacklosesten Ideen, die den sicheren Weg in die Einsamkeit bedeuten.

Ihr Äußeres

Beginnen Sie am besten bei sich selbst. Belasten Sie sich nicht unnötig mit der Pflege Ihres Äußeren. Die uneingeschränkte Bequemlichkeit sollte Ihre Selbstdarstellung absolut beherrschen. Als selbstbewusster Mann von Welt sollten Sie nur in ausgeleierten Trainingsanzügen und Gesundheitslatschen das Haus verlassen. Baden und rasieren Sie sich selten, das schont den Säureschutzmantel der Haut und die Umwelt. Verzichten Sie auf Deo und Aftershave, denn nichts kann Ihren ganz persönlichen Duft übertreffen.

Als Dame der Gesellschaft können Sie es sich leisten, ab 30 Kilo Übergewicht nur in quer gestreiften Leggins, armfreien Tops und bequemen Hauspuschen auf die Straße zu gehen. Statt der fälligen Haarwäsche binden Sie sich einfach die Haare mit einem Frotteeband zu einem Dutt. Die Frisur hält dann locker noch 8 bis 14 Tage.

Ungepflegtes Äußeres und unangenehmes Auftreten finden die wenigsten Menschen sympathisch.

Umgang mit anderen

Schauen Sie stets griesgrämig, und lächeln Sie nie, sonst könnte jemand auf die freche Idee kommen, Sie anzusprechen; man weiß ja, wie das endet. Sollte Sie dennoch jemand ansprechen, drehen Sie sich um, und gehen Sie wortlos weg. Betonen Sie gegenüber Ihrer Umwelt, dass Ihnen sowieso niemand gut genug ist.

Wenn Sie Lust auf Gesellschaft haben, sollten Sie sich nicht lange mit Geplänkel aufhalten. Gehen Sie schnurstracks auf die Person Ihres Interesses zu, fassen Sie sie am Arm, und tragen Sie offen Ihr Anliegen vor. Nach Möglichkeit sollten Sie dabei stark alkoholisiert sein. Wenn die lokalen Gegebenheiten keinen Frontalangriff zulassen, dann sprechen Sie die Person von hinten an, das macht sich besonders gut. Wenn die örtlichen Gegebenheiten hoffnungslos überfüllt sind, sodass Sie überhaupt nicht an den Gesprächspartner herankommen, oder Sie zu betrunken sind, sollten Sie Freunde um Hilfe bitten. Schicken Sie einfach eine(n) angetrunkene(n) Bekannte(n), die/der Ihre Flirtbereitschaft übermittelt.

Das Heranwinken von Unbekannten ist eine grobe Unhöflichkeit und zeugt von schlechter Kinderstube.

Verweigern Ihnen Ihre Begleiter diesen selbstverständlichen Freundschaftsdienst, ergreifen Sie selbst die Initiative, und winken Sie den Flirtpartner mit weit ausholenden Bewegungen zu sich herüber. Das Heranlocken mit dem gekrümmten Zeigefinger ist auch sehr erfolgreich (bei Hänsel und Gretel hat's ja auch geklappt). Wenn das Gegenüber nicht sofort reagiert, sollten Sie das Heranwinken wiederholen. Erfolgt immer noch keine Reaktion, dann winken Sie mit beiden Armen. Noch besser wirkt es, wenn Sie als emanzipierter und selbstbewusster Mensch durchs Lokal schreien. Sprechen Sie das Gegenüber direkt mit »He, du! Ja, genau, du!« an. Falls keine zufrieden stellende Reaktion eintritt, sollten Sie sich lautstark darüber auslassen, was Sie von solcher Arroganz und »Vornehmtuerei« halten.
Süßholzraspler und Schwätzer vertreten manchmal die Ansicht, dass durch derart direktes Verhalten die Grenze zur Plumpheit deutlich überschritten werde. Doch lassen Sie sich nicht irritieren. Die kürzeste Verbindung zwischen zwei Punkten ist nun mal die Gerade. Und mit höflichem Getue wird nur Ihre wertvolle Zeit verschwendet. Also hören Sie nicht auf solche Leute, das haben Sie doch gar nicht nötig!

Überzeugungsarbeit

Die meisten Menschen empfinden die direkte »Anmache« als unangenehm und aufdringlich.

Wenn Sie nun mit dem Gegenüber ins Gespräch kommen, dürfen Sie es nicht mehr aus den Augen lassen. Hindern Sie es daran, Ihrer Gesellschaft zu entkommen. Sollte der Flirtpartner doch versuchen, sich zu entfernen, genieren Sie sich nicht, ihm oder ihr hinterherzupfeifen. Nur wer wagt, gewinnt. Gelingt es Ihnen, den/die Flüchtige(n) aufzuhalten, muss die elegante Dame den Rock etwas höher ziehen und am Ausschnitt zwei weitere Knöpfe öffnen. Nur so überzeugen Sie von Ihren Qualitäten.

Der galante Kavalier sollte mit den Worten »Na, schon mal im Ferrari gefahren?« unvermittelt seinen Autoschlüssel auf den Bistrotisch werfen. Meist reicht ein Anhänger des entsprechenden Fabrikats. Sollte die Flirtpartnerin das Fahrzeug sehen wollen, können Sie immer noch sagen, der Wagen wäre in der Werkstatt. Auch das Zurückschieben der Manschette des linken Hemdärmels, um ein Uhrenmodell der Firma Rolex oder Ähnliches freizulegen (preisgünstige Kopien können in den meisten Urlaubsländern kostengünstig erworben werden), hat sich als sehr wirkungsvoll erwiesen. Denken Sie immer daran: Frauen mit Klasse mögen weltgewandte Herren mit Sinn für kostspielige Statussymbole. Lassen Sie sich von puristischen Konsumverächtern und armseligen Habenichtsen nichts Gegenteiliges einreden.

Man sollte nicht versuchen, das Gegenüber durch Statussymbole und Protzerei von sich überzeugen zu wollen.

Der »gepflegte« Smalltalk

Sollte es zu einem längeren Gespräch kommen, müssen Sie ausschließlich und ausführlichst über sich selbst reden. Dass Ihnen Ihr Gegenüber optisch zusagt, haben Sie ja bereits durch Ihre Gesprächsbereitschaft ausreichend bewiesen. Wenn Sie eine langfristige Partnerschaft suchen, konzentrieren Sie Ihre Fragen auf das Wesentliche. Informieren Sie sich kurz und ohne Umschweife über Einkommen, Bankeinlagen und Vermögen der Eltern. Fragen Sie auch ungeniert, ob die Aussagen durch einen eventuell mitgeführten Kontoauszug belegt werden können. Leiten Sie das Gespräch dann aber wieder zum Thema des Abends über: Sie selbst.

Geben Sie dem Gegenüber die Chance, sich ein Bild von Ihnen zu machen. Machen Sie deutlich, mit wem man es zu tun hat. Beginnen Sie am besten mit der Lebensgeschichte Ihres Urururururgroßvaters, und hören Sie bei den Vermögensverhältnissen Ihrer Tanten und Onkel dritten Grades

Auch wenn Sie ein guter Geschichtenerzähler sind, sollten Sie darauf achten, Ihren Gesprächspartner zu Wort kommen zu lassen.

nicht auf. All diese Geschichten interessieren meist sehr, denn schließlich sind Sie ja von Familie und nicht irgendwer. Informieren Sie auch über den Gesundheitszustand Ihres Abteilungsleiters und die Vorzüge einer Verbundnetz-Monatskarte. Betonen Sie immer wieder Ihr soziales Engagement im örtlichen Kaninchenzüchterverein.

Halten Sie sich dann aber nicht länger mit weiterem Geplänkel auf, sondern fragen Sie Ihr Gegenüber direkt, ob man nun nicht gemeinsam nach Hause gehen könne. Kommt Ihnen ein Exemplar der Gattung »ich bin verheiratet« oder »ich warte auf meine(n) Freund(in)« unter, überzeugen Sie gekonnt durch Fachwissen über statistische Scheidungshäufigkeit und monogame Verblendung im Allgemeinen.

Grenzwerte beim Flirten

Sie sehen, so einfach kann es sein, dem Flirt den Garaus zu machen. Neben all diesen offensichtlich nicht ganz ernst gemeinten Ratschlägen, die Sie wahrscheinlich ohnehin nicht zu befolgen beabsichtigten, möchte ich Ihnen noch einige Feinheiten anvertrauen, die nicht so selbstverständlich sind.

Zwinkern

Zwinkern wird vor allem von unerfahrenen Flirtern eingesetzt, um auf sich aufmerksam zu machen.

Zuzwinkern ist nichts für den ersten Blickkontakt. Dieses mimische Flirtinstrument hat wegen des Missbrauchs weitgehend ausgedient. Wenn es Ihnen nicht als nervöse Zuckung ausgelegt wird, so wird es dennoch meist als plump und dreist empfunden. Viele Frauen fühlen sich dadurch zum Objekt degradiert, was eine denkbar schlechte Ausgangssituation für einen Flirt darstellt. Männer dagegen werden nach eigener Aussage gerne von weiblichen Wimpern beklimpert.

Schlechte Sprüche

Die Sprüche jenseits der Schmerzgrenze kommen meist von Männern. Man kann sie in linkische Verklemmtheit und maßlose Dummheit teilen. Unter die erste Kategorie fallen Äußerungen wie »Ist hier vielleicht frei, Sie gestatten..., ich bin so frei«. Unter die zweite Rubrik fallen Sätze wie »Hey, Babe, wie wär's denn mit uns beiden?«.

Vermeiden Sie beim ersten Kontakt Plattitüden, Standardsprüche und dumme »Anmache«.

Beide Kategorien versprechen niedrige Erfolsquoten. Im ersten Fall erwecken Sie Mitleid oder bestenfalls Mutterinstinkte, im zweiten Fall wird Ihnen sehr schnell deutlich gemacht, dass Sie sich Ihre billige »Anmache« für weniger anspruchsvolle Mitmenschen aufheben sollten. »Bist du öfter hier?«, »Kennen wir uns nicht von irgendwoher?«, »Hast du Feuer?«, »Willst'e was trinken?«, »Schönes Wetter heute!« Auch diese originellen Formulierungen stoßen selbst bei wohlwollender Betrachtung an die Grenzen der Idiotie.

Vorsicht Missverständnis!

Ein weiterer gefährlicher Flirtkiller, der oft nicht rechtzeitig erkannt wird, ist das Missverständnis bzw. ein falsches Verhalten bei der Aufklärung von Missverständnissen. Das kokette Scherzen und Schäkern mit fremden Personen birgt so manche Gefahr in sich. Unterschiede in Humor, Sprachwitz, Lokalkolorit und dialektischer Färbung führen gelegentlich zu Verständnisschwierigkeiten auch unter Muttersprachlern. Stellen wir uns die Situation noch durch laute Musik, Stimmengewirr und Geschirrklappern belastet vor, so kann es durchaus zum Fehlverstehen kommen.

Die Aufklärung eines solchen Missverständnisses ist das reinste Glatteis und kann Sie schnell aus der Bahn und somit aus dem Rennen werfen. Nehmen wir zum Beispiel an, eine ironische Blondine kontert witzelnd auf eine Bemerkung ihres Flirtpartners: »Entschuldigen Sie bitte, können Sie das noch einmal erklären, Sie sehen doch, ich bin blond!« Er aber verkennt aufgrund der lauten Geräuschkulisse den Scherz und wiederholt in ernsthaftem Ton das Gesagte. Sie wird entweder stinksauer, oder es folgt eine lange und ermüdende Diskussion darüber, wer was warum zu wem gesagt hat, was ebenfalls ein klassischer Flirtkiller ist.

Machen Sie sich klar, dass Ihr Gegenüber eine witzig gemeinte Bemerkung falsch verstehen könnte. Vermeiden Sie daher zweideutige Formulierungen.

Der ernsthafte Hinweis »Haben Sie das ernst gemeint?« oder noch schlimmer »Haben Sie denn nicht gemerkt, dass ich Sie bloß foppen wollte?« ist in solchen Situationen »tödlich«. Das Problem, dass ein Flirter etwas ernst meint und sein Gegenüber es spaßhaft bzw. ironisch versteht – oder umgekehrt –, gilt es also zu entschärfen.

Wenn Sie nicht sicher sind, wie es gemeint war, werten Sie es im Zweifelsfall positiv für sich. »Ich gehe davon aus, dass Sie das als Kompliment meinen«, ist beispielsweise eine selbstbewusste Reaktion, die dem anderen hilft, die Situation in seinem und in Ihrem Interesse zu korrigieren.

Stellen Sie bei Unsicherheiten nicht unbedingt offene Fragen der Art »Wie meinen Sie das?« oder »Wie darf ich denn das verstehen«, weil Sie Ihren Gesprächspartner durch seine folgende Erklärung ins offene Messer laufen lassen können. Fragen Sie lieber ein wenig ironisch »Finden Sie?« oder »So, so, das meinen Sie also?«. Auf diese Weise besteht für Ihre(n) Flirtpartner(in) noch die Chance, die Aussage scherzhaft zurechtzurücken.

Übertriebenes Imponiergehabe und seine Folgen

Der Mensch ist bekanntlich ein eitles Wesen. In Extremsituationen, wie die der potenziellen Partnerwahl, ist es zunächst ein ganz normales und menschliches Bedürfnis, sich in einem guten Licht darzustellen. Man will bei solchen Gelegenheiten besonders attraktiv und verführerisch wirken. Man bemüht sich, besonders geistreich und witzig zu sein. Dieses Verhalten ist bis zu einem gewissen Grade legitim und nur natürlich. Dennoch gibt es manchmal Auswüchse, die an ein pfauenhaftes Gebaren nahe herankommen.

Bleiben Sie beim Flirten bescheiden. Es ist aber völlig in Ordnung, seine Vorzüge etwas hervorzuheben.

Bedenken Sie auch, dass der oder die andere schnell merken wird, wenn Sie krampfhaft angespannt sind, zwanghaft einen Scherz nach dem anderen reißen und permanent Ihr Äußeres überprüfen. Tun Sie sich diesen Stress nicht an. Man wird schnell gewahr werden, dass Sie versuchen, auf einer Bühne zu stehen, und denken, Sie spulen nur ein einstudiertes Programm ab.

Versuchen Sie so natürlich wie möglich zu sein, und verfallen Sie nicht dem Irrtum, dass Sie um jeden Preis gefallen müssen. Bei einem guten Flirt gibt es keinen Platz, oder besser: keine Notwendigkeit für Profilneurosen. Wenn sich der Flirt intensiviert und man sich näher kennen lernt, wird das Gegenüber schnell feststellen, dass Sie eben keine Femme fatale und kein Luxus-Sunnyboy sind. Eine »Ent-Täuschung« ist somit vorprogrammiert und Gift für Vertrauen, das ja gerade aufgebaut werden soll. Versuchen Sie also lieber, Ihr persönliches Profil zu zeigen, statt sich mit falschen oder geschönten Tatsachen anzubiedern.

Flirter die mit übertriebener Großzügigkeit zu überzeugen versuchen, werden nicht weit kommen.

Dating

Nachdem nun die erste Kontaktaufnahme erfolgreich zustande gekommen ist, wollen wir nun zum nächsten Schritt übergehen. Der Kontakt soll schließlich intensiviert werden, und Sie wollen den Flirtpartner wiedersehen.

Wie stellt man es an?

Machen Sie Ihrem Gegenüber deutlich, dass Ihnen an einem zweiten Treffen sehr gelegen ist.

Der erste Flirt sollte nicht abendfüllend werden. Zum einen hält das die Neugier wach, zum anderen würden Sie Freunde, die Sie an diesem Abend begleiten, verärgern. Wenn es nicht die ungeduldigen Bekannten sind, so ist es vielleicht ein geschäftlicher Termin, ein einfahrender ICE oder die Sperrstunde des besuchten Lokals, die Sie zur entschlossenen Eile drängen. Sie sollten also einen Weg finden, der Ihnen die Möglichkeit eines Wiedersehens schnell eröffnet. Fest steht, dass ein lässiges »Man sieht sich!« weder besonders höflich noch Erfolg versprechend ist. Ebenfalls unverzeihlich ist das etwas höflichere »Es war nett, vielleicht sieht man sich bei Gelegenheit mal wieder«. Erstens können Sie in der Regel lange warten, bis dieser angenehme Zwischenfall sich wiederholt. Außerdem geben Sie Ihrem Gegenüber mit dieser Formulierung nicht gerade das Gefühl, als würden Sie gesteigerten Wert auf ein baldiges Wiedersehen legen. Dass Sie in Wirklichkeit einem erneuten Zusammentreffen entgegenfiebern, kann aus solchen Formulierungen kein Mensch erahnen. Wie sollte er oder sie auch darauf kommen, dass Sie nur die Kurve nicht kriegen, um eine hoffentlich baldige Verabredung in die Wege zu leiten.

Nach einem netten ersten Flirt besteht meistens der Wunsch, sich wieder zu sehen.

Es ist doch merkwürdig, dass man sich mit einem bis vor wenigen Augenblicken völlig unbekannten Menschen über Gott und die Welt unterhalten kann, sich aber plötzlich wieder nicht traut, eine einzige Frage zu stellen? Es überkommt einen unvermittelt eine Art Schwellenangst, die aber ganz normal ist. Sie haben zwar die Gesprächssituation über Blicke, Mimik und Ansprechen herbeigeführt, sind aber eigentlich nur zufällig aufeinander getroffen. Das Schreckliche dabei ist, dass Sie ganz genau wissen, dass die Chance jetzt beim Schopfe gepackt werden muss. Sie spüren sekündlich das innere »Jetzt-oder-nie-Ticken«. Ihr Verstand sagt Ihnen, dass es nun nur zwei Möglichkeiten für Sie gibt, den Flirt zu einem späteren Zeitpunkt wieder aufzunehmen: die direkte Vereinbarung eines zweiten Treffens oder das Austauschen der Telefonnummern.

Die Verabredung

Das Problem beim ersten bewussten Dating ist das Risiko einer Abfuhr und die Tatsache, dass hier eindeutig die Grenze vom »Öffentlichen« zum »Privaten« überschritten wird. Sie befinden sich plötzlich in einem Bereich, der immer mit einer gewissen Schwellenangst belegt ist.

Drucksen Sie trotzdem nicht nach dem Motto »Achtung, jetzt kommt's!« herum, sondern verabschieden Sie sich zügig und hängen Sie die gewünschte Einladung locker an:

Tragen Sie Ihre Einladung für ein zweites Treffen ganz normal und locker vor.

»Ich muss jetzt leider los. Ich habe um vier Uhr einen wichtigen Termin mit meinem Chef. Es war ausgesprochen nett, sich mit Ihnen zu unterhalten. Wenn es Ihnen nicht zu aufdringlich erscheint, würde ich unser Gespräch gerne fortsetzen. Was halten Sie von einer Tasse Kaffee am Donnerstagnachmittag, da wäre ich um vier Uhr schon fertig, und ich könnte mich noch mehr auf den Feierabend freuen.«

»Oh je, ich muss los, wir wollen noch alle ins Kino, komm doch mit.« (Absage) »Okay, das verstehe ich, aber so wollen wir uns doch nicht auseinander reißen lassen, oder? Wie sieht's nächste Woche, gleicher Ort, gleiche Zeit, mit einem gemeinsamen Kinoabend aus?«

»Tja, ich muss nun leider los, den Kleinen vom Kindergarten abholen. Vielleicht passt es Ihnen am Freitagabend, da ist ein Tango-Festival in der Stadthalle. Sie könnten dann Ihre Tanzkünste unter Beweis stellen.«

Oder ironisieren Sie Ihren Wunsch in bester Hollywood-Schmachtfetzen-Manier:

Viele Menschen zieren sich, ihre private Telefonnummer herauszugeben. Hier ist Fingerspitzengefühl gefragt.

»Ich muss Sie unbedingt wiedersehen, sagen Sie mir wann und wo, ich werde da sein. Wenn es sein muss, mit einer Mandoline und einer Rose zwischen den Zähnen!« Wenn er oder sie auf die Mandoline besteht, haben Sie Pech, Sie müssen dann Wort halten, sonst haben Sie verloren. Oder Sie bringen eine Rose mit und sagen, die Mandoline sei in der Werkstatt.

Die Telefonnummer

Die Herausgabe der privaten oder geschäftlichen Telefonnummer wird von vielen Flirtern als heikle Angelegenheit empfunden. Sei es aus Angst vor ungebetenen Mitwissern (beispielsweise vor Eltern, eventuell existierenden Partnern, noch nicht ausgezogenen Ex-Beziehungen, Kollegen oder WG-Mitbewohnern) oder aus Furcht vor ungebetener telefonischer Dauerbelagerung. Sie können zu diesem Zeitpunkt oft noch nicht abschätzen, wie vertrauenswürdig Ihr Flirt ist. Unangenehme, penetrante Anrufer, die sich nur schwer abwimmeln lassen, oder die Angst vor plötzlichen anonymen sexuellen Belästigungen am Telefon lassen vor allem viele Frauen zögerlich mit ihrer Telefonnummer umgehen. Auch wenn diese Bedenken nicht ganz unbegründet sind, so hat die Herausgabebereitschaft in den letzten Jahren erfreulich zugenommen. Frauen sind glücklicherweise viel selbstbewusster geworden und werden mit lästigen Telefonbewerbern schnell fertig. Eine deutliche Sprache ist hier nach wie vor sehr hilfreich.

Wenn Sie Skrupel haben, Ihre Telefonnummer herauszugeben, sollten Sie das offen sagen.

Ein beliebter Spaß, vor allem unter sehr jungen Flirterinnen, ist die Weitergabe einer falschen Telefonnummer, etwa der einer verhassten Mitschülerin oder der Telefonseelsorge. Beides ist nicht sehr originell und zeugt eher von Feigheit als von Witz und Originalität. Kein Mensch zwingt Sie, Ihre Telefonnummer herauszugeben.

Eine geradezu segensreiche Erfindung für Flirter ist das Handy. Meist trägt man das Gerät bei sich. Die Wahrscheinlichkeit, dass ein unerwünschter Mitwisser abnimmt, ist also relativ gering. Wenn die Nummer des Anrufers gespeichert ist, kann man auf dem Display sehen, wer anruft. Man hat also die Möglichkeit, eine Vorauswahl zu treffen, wenn man sich belästigt fühlt. Wenn Sie Ihr Handy beim ersten Treffen bei sich haben, können Sie die Nummer des Gegenübers gleich mit dem Namen einspeichern. Sie benötigen so weder Stift noch Papier. Ein weiterer Vorteil, den das Handy bietet, ist die Möglichkeit, kleine schriftliche Nachrichten zu verschicken. So ein netter Gruß ruft Sie in Erinnerung und bereitet Freude.

Geben Sie Ihrem Flirtpartner die Nummer, unter der Sie auch tatsächlich erreichbar sind.

Die direkte Verabredung ist der »sicherere« Weg beim Dating, auch wenn Sie zum Verabredungszeitpunkt nicht sicher sein können, ob das Treffen tatsächlich stattfinden wird. Doch auch beim Austausch der Telefonnummern stehen einige Unsicherheitsfaktoren im Raum:

- Wird er/sie anrufen?
- Wird der Zettel, die Visitenkarte oder der Bierdeckel mit der Nummer vielleicht verschlampt?
- Wann ist der geeignete Zeitpunkt für einen Anruf?
- Wird das Gegenüber bei permanentem Nichterreichen nicht schnell aufgeben?
- Können Sie sicher sein, dass der Anrufbeantworter abgehört wurde?
- Wurde er abgehört und absichtlich nicht abgehoben oder zurückgerufen?

Dennoch: Ein bedeutender Vorteil des Telefonnummernaustauschs ist die Möglichkeit, es sich noch einmal durch den Kopf gehen lassen zu können, ob man tatsächlich Wert auf ein weiteres Treffen legt. Wenn man hingegen eine fest vereinbarte Verabredung platzen lässt, ist klar, dass man keine zweite Chance bekommen wird.

Die Absage

Ein heikler Punkt ist die Absage eines erneuten Treffens. Sei es nun, dass Ihr Vorschlag gleich von Anfang an abgelehnt wird oder Sie selbst sich plötzlich besinnen und keinen Wert mehr auf eine Begegnung legen.

Elegant ist natürlich weder die Angabe einer falschen Telefonnummer, noch sich am Telefon verleugnen zu lassen. Auch das Nichterscheinen zu einem vereinbarten Zeitpunkt ist ein grobes Foul. Leider wählen aber viele, aus Unvermögen, eine klare Absage zu machen und mit einer unangenehmen Situation umzugehen, diese einfachen und bequemeren Varianten. Das mag vielleicht verständlich sein, aber schlechter Stil ist so ein Verhalten allemal.

Seien Sie bei einer Absage ehrlich. Wenn Ihr Gegenüber nett und freundlich zu Ihnen war, sollten Sie es auch sein.

So manches Mal weiß man selbst nicht so recht, ob man wirklich ernsthaft an einem erneuten Zusammentreffen mit dem Gegenüber interessiert ist. Zwar war soweit alles recht nett und lustig, aber der nachfolgenden Prüfung hält der Flirtpartner dann nicht mehr stand. Sie waren vielleicht total begeistert, doch nach kurzer Zeit ist die Erinnerung stark verblasst, und urplötzlich war es »so toll nun auch wieder nicht«. Sie haben sich zwar womöglich königlich amüsiert, kommen aber im Nachhinein zu der Überzeugung, dass das Gegenüber »schon irgendwie 'ne Meise hatte«. Oder Sie sind gerade beruflich oder sonst wie fürchterlich eingespannt und haben eigentlich überhaupt keine Zeit für ein Treffen.

Um solche Unsicherheiten künftig zu vermeiden, will ich Ihnen bei der Entscheidungsfindung etwas behilflich sein. Am Ende dieses Buches finden Sie eine Checkliste, die Ihnen als Entscheidungshilfe dienen soll.

Nicht immer ist man sich sicher, ob man auf ein Wiedersehen Wert legt. In diesem Fall sollte man das Für und Wider sorgfältig prüfen.

Bleiben Sie ehrlich

Drücken Sie sich nicht vor einer Absage. Sie vermeiden so unnötige und aufreibende Spielchen. Aber auch Sie sollten einen Korb akzeptieren können.

Das erste Date

Beim ersten Date ist, wie Sie sich sicherlich denken können, mit besonderer Sorgfalt vorzugehen. Taktik und Strategie sind an diesem Tag besonders wichtig, denn eine zweite Chance erhält man selten.

Der richtige Zeitpunkt

Überlegen Sie sich genau, zu welchem Zeitpunkt Sie das Date vereinbaren, damit Sie nicht gleich eine Enttäuschung erleben.

Wenn Sie beabsichtigen, das Date telefonisch zu vereinbaren, so muss für den Anruf der richtige Zeitpunkt gewählt werden. Wir alle kennen diese albernen Spielchen und Gedanken, die einen in solch einer Situation umtreiben. Gleich am nächsten Tag anrufen klingt schwer nach verfrühtem Heiratsantrag und Kinderwunsch. Der übernächste Tag könnte immer noch einen verzweifelten Torschlusspanik-Eindruck hinterlassen. Rufen Sie erst am darauf folgenden Samstag an, ist das Wochenende schon verplant, und man wird Sie vermutlich abweisen. Die Woche darauf erinnert man sich schlimmstenfalls nicht mehr an Sie. Gehen wir mal davon aus, dass Sie sich an einem Freitagabend kennen gelernt haben. Lassen Sie das Wochenende verstreichen, und denken Sie frühestens Dienstag an einen Anruf. Drei bis fünf Tage nach dem ersten Treffen ist somit also der beste Zeitpunkt. Sie befinden sich dann Anfang/Mitte der Folgewoche und könnten sowohl unter der Woche noch einen Termin finden als auch am Wochenende. Hauptsache aber ist, dass Sie bei

Gefallen (das ist natürlich die Grundvoraussetzung!) überhaupt anrufen. Wenn Sie sich entschieden haben, den Flirt fortzusetzen, können Sie sich dann von Ihrem eigenen Instinkt, Zeitgefühl oder Terminplan leiten lassen.

Langsam angehen lassen

Viele machen den Fehler, dass sie ob der großen Freude über das Zustandekommen der Verabredung und das tatsächliche Erscheinen der »begehrten« Person beim ersten Treffen weit über das Ziel hinausschießen. Sie freuen sich über die grandiose Harmonie in allen Dingen, legen ihr gesamtes Seelenleben bloß und sind hinterher enttäuscht, wenn das Interesse an ihnen verebbt.

Die vermeintliche Seelenverwandtschaft, so sehr ich sie Ihnen auch wünsche, erklärt sich folgendermaßen: Ihre Verabredung hat Gefallen an Ihnen gefunden, sonst hätte sie a) das Date nicht vereinbart und b) den Termin nicht wahrgenommen. Es ist also nur natürlich, dass man versucht, eine positive Stimmung aufzubauen, was natürlich über Zustimmung und Bestätigung im Gespräch erfolgt. Die Besonderheit und Anspannung der Situation ist mit Harmonie wesentlich leichter zu ertragen und zu lockern als mit Konfrontation und lautstarker Ablehnung. Deshalb wird gelächelt und eingelenkt, wo man normalerweise die Augen verdrehen und seinen Standpunkt behaupten würde.

Offenbaren Sie nicht gleich beim ersten Date Ihr Innerstes. Der Flirtpartner könnte zu schnell das Interesse verlieren.

Dieses Harmoniebedürfnis bringt letztlich aber gar nichts. Sie verlieren Kontur und Profil, Dinge, die Sie sich bis dahin mühsam erarbeitet haben. Natürlich sollten Sie auch nicht zickig auf Standpunkten beharren und permanent alles zu widerlegen versuchen, was angesprochen wird. Beziehen Sie eindeutig Position, aber stoßen Sie Ihr Gegenüber nicht vor den Kopf. Ausnahmen sind natürlich erlaubt, z. B. wenn Ihnen Unverschämtheiten zugemutet werden.

Der spielerische Reiz

Verstehen Sie den Flirt auch bei der ersten Verabredung als Spiel, nur so können Sie ihn richtig genießen.

Das Flirten wird oft mit Begriffen wie »kokett«, »frivol« und »subtil« in Verbindung gebracht, und hier liegt der Schlüssel zum Erfolg. Alle drei Begriffe beinhalten den Widerspruch zwischen Wollen und Nichtwollen. Darin liegt der spielerische Reiz! Hier wird entrüstete Ablehnung scherzhaft vorgetragen, Dahinschmelzen ironisiert und Neutralität und Unentschlossenheit vorgegaukelt. Dort wird aufgespürt, verfolgt, eingekreist, zurückgezogen, losgelassen und erneut verfolgt. Machen Sie sich interessant für den »Wolf«. Strafen Sie die »Panterin« mit scheinbarer Gleichgültigkeit. Zeigen Sie sich von der Schönheit des »Pfaus« unbeeindruckt. Blinzeln Sie rührend, um im nächsten Moment Zähne zu zeigen. Gebär-

Das falsche Thema

Setzen Sie sich nicht einfach hin und erzählen Ihre persönliche Lebensgeschichte in epischer Breite. Nichts ist stimmungstötender für das erste Treffen als die Beziehungsdramen mit Ihrem/Ihrer letzten Ex! Erzählen Sie nichts, was Sie vielleicht später einmal bereuen müssten. Sie sind heute nämlich nicht mit Ihrer besten Freundin unterwegs, sondern mit einem potenziellen Partner.

den Sie sich lammfromm, und widerlegen Sie diesen Eindruck mit einer gegensätzlichen Erzählung. Man wird, man muss auf eine solche Vielfalt von Facetten reagieren. Ihr Flirtpartner wird neugierig, und – was viel wichtiger ist – sein »Jagdinstinkt« wird geweckt.

Seien Sie ruhig etwas kokett. Das macht Sie interessant und Sie erhöhen so Ihre Attraktivität für den Flirtpartner.

Ausgeglichene Verhältnisse

Achten Sie auch auf eine gewisse quantitative Ausgeglichenheit der Unterhaltung. Der Idealfall liegt so, dass jeder etwa hälftig das Wort erhält. Keine Angst, Sie brauchen die einzelnen Wörter nicht mitzuzählen; Sie merken schon von alleine (oder sollten es zumindest!), wenn Sie monologisieren oder überhaupt nicht zu Wort kommen. Diese Fifty-Fifty-Regel ist insofern wichtig, weil sie großen Aufschluss über die Gewichtung und Dominanzen gibt. Sicherlich, es gibt Menschen, die gerne reden – und sich auch selbst gerne reden hören –, und manche von ihnen sind auch gute Unterhalter. Andere sind etwas schüchterner oder weniger eloquent, haben aber großes Vergnügen an einem guten Erzähler. Es geht hier nicht um Wortklauberei oder Abzählen von Silben. Sie können sich aber schon einen Reim darauf machen, wenn jemand bei einem zweistündigen Gespräch nicht einmal eine Frage zu Ihrer Person stellt oder auf keines der von Ihnen aufgebrachten Themen etwas entgegnet. Ein gewisses Grundinteresse, Sympathie und auch Respekt kommen eben auch in einer gesunden Ausgewogenheit der Redeverteilung zum Ausdruck. Wenn Sie entsprechend Ihre Rückschlüsse ziehen, bedeutet ein stark unausgewogenes Redeverhalten in den meisten Fällen Desinteresse an Ihrer Person. Überlegen Sie dann, ob der Flirt weiter verfolgt werden sollte.

Reden Sie nicht ohne Unterbrechung auf Ihr Gegenüber ein. Geben Sie Ihm die Möglichkeit, sich darzustellen.

Der Zeitrahmen

Lassen Sie sich Zeit. Wenn das erste Date nur kurz ist, besteht ja die Möglichkeit für ein weiteres Treffen.

Eine weitere goldene Regel, die Sie erstaunen wird, lautet: In der Kürze liegt die Würze. Ein Sonntagvormittagtermin mit einem angeschlossenen Sonntagnachmittag befriedigt die Neugierde allzu schnell. Befristen Sie Ihr erstes Treffen auf maximal zwei Stunden, die, wenn es gut läuft, wie im Fluge vergehen. Geben Sie Ihrem Flirt aber nicht das Gefühl, mal eben eingeschoben worden zu sein. Termine unter der Woche, z. B. zum Kaffee in der Mittagspause, sind meist unproblematischer als ein Samstagabend-Date. Denn mit diesem »schönsten Abend der Woche« sind erfahrungsgemäß große Erwartungen verknüpft.

Wichtig ist, dass Sie den Zeitrahmen bereits bei der Verabredung des Dates ankündigen. Wenn Sie das Lokal mit den Worten »Ich muss aber in einer halben Stunde wieder weg!« betreten, ist das zum einen schlechter Stil und zum anderen riecht sowieso jeder, dass Sie sich ein Hintertürchen für den enttäuschten Rückzug offen halten wollen. Das ist einer positiven Grundstimmung alles andere als zuträglich.

Vereinbaren Sie also Termine beispielsweise mit dem Zusatz »Ja, das würde mir passen. Ich muss zwar um sieben zum Babysitten bei meiner Schwester sein, aber auf einen netten Kaffeeplausch davor würde ich mich freuen.« oder »Am Dienstagabend muss ich zwar in den Italienisch-Kurs, aber ein Glas italienischen Roten könnte ich davor bestimmt gut gebrauchen.«

Gesprächsthemen

Ein geschicktes Eingehen auf die Interessen des/der Umworbenen, die Ihnen vielleicht vom ersten Flirt her bekannt sind, ist durchaus sinnvoll. Sie können hier übrigens durchaus anderer Meinung sein und dies auf witzige oder charmante Art mitteilen. Aber bitte, ohne sein/ihr Hobby als den »letzten Dreck« zu bezeichnen. Wenn Sie von etwas keine Ahnung haben, dann tun Sie auch nicht so als ob. Sie befinden sich schneller auf dem Glatteis als Ihnen lieb sein kann.
Undankbare Themen wie politische Grundsatzdiskussionen, Kirchenaustritte, Emanzipation und Steuererklärungen sollten übrigens beim ersten Date prinzipiell vermieden werden.

Häufig geben Schlüsselanhänger, T-Shirt-Aufdrucke oder Autoaufkleber Aufschluss über die Interessen des Gesprächspartners.

Die Wahl des Ortes

Eine Verabredung in Ihrer Stammdisco oder -kneipe ist sicherlich nicht die klügste Entscheidung. Laute Musik und heftiges Gedränge stören die nette Zweisamkeit. Schlimmer ist meist jedoch das Auftauchen von Bekannten. Bewundernde oder feixende Anerkennung von Dritten ist nun wirklich das Letzte, was Sie an diesem Abend brauchen können. Jeder normale Mensch würde sich da abgeschleppt, überflüssig und vorgeführt vorkommen. Wählen Sie also lieber einen Ort oder ein Lokal, in dem Sie für gewöhnlich nicht ständig verkehren, dessen gastronomische oder andere Qualitäten Sie aber kennen.
Vermeiden Sie zu exquisite Adressen. Es könnte nämlich durchaus sein, dass weder Sie noch Ihr Gegenüber sich hier besonders wohl fühlen.

In jeder Stadt gibt es Lokale mit Flair und Ambiente, die sich für die erste Verabredung eignen.

Neue Medien

Das Telefon ist schon seit vielen Jahren ein wichtiges Kommunikationsmittel. Der Computer wird mit E-Mails und Chatrooms immer wichtiger im zwischenmenschlichen Kontakt und somit auch für den Flirt. Hier nun einige Regeln für den Umgang mit diesen neuen Medien und den Flirt mit Unbekannten.

Der Telefonflirt

Häufig lässt man sich von der Telefonstimme in die Irre leiten. Der Gesprächspartner entspricht dann bei einem Treffen nicht unseren Erwartungen.

Der Flirt am Telefon ist meist ein Genuss ohne Reue. Am Telefon charmant zu sein gehört beispielsweise bei geschäftlichen Telefonaten zum Service; schäkern Sie also getrost mit Ihren Kunden, denn die Grenzen zwischen freundlichem Verkäufercharme und echtem Flirtverhalten sind fließend. Bedenken Sie beim Telefonflirt mit Unbekannten aber: Wir sind schnell von Telefonstimmen angetan und können uns leider nicht davon frei machen, eine bestimmte optische Vorstellung vom Sprecher zu haben. Es gibt Männer, die behaupten, dass sie das Aussehen einer unbekannten Frau am Telefon erraten können. Attraktive Frauen seien der bessere Telefonpartner, da sie selbstbewusster, humorvoller und erotischer seien. Eine psychologische Studie aus den siebziger Jahre von Snyder, Tanke und Berscheid hat beeindruckend bewiesen, dass solche Einschätzungen aber rein subjektiv sind. Das Experiment war einfach und effizient. Männer und

Frauen, die sich nicht kannten, sollten ein Telefonat miteinander führen. Die männlichen Teilnehmer erhielten ein Foto ihrer angeblichen Telefonpartnerin. Die Frauen auf den Fotos waren entweder besonders attraktiv oder unattraktiv. Die Männer, die glaubten, mit einer attraktiven Frau gesprochen zu haben, schilderten ihre Telefonpartnerin als ausgeglichen, humorvoll und interessant. Die Männer, die mit der vermeintlich unattraktiven Frau telefonierten, bewerteten ihr Gegenüber als ernst, spröde und wenig engagiert.

Mit Menschen, die am Telefon sympathisch klingen, verknüpfen wir meist bestimmte Eigenschaften.

Erstaunlich war hierbei, dass, obwohl – wie Sie sich denken können – die tatsächliche Zuteilung von attraktiven und unattraktiven Gesprächspartnerinnen gerade umgekehrt war, diejenigen Männer lockerer, aufgeschlossener und humorvoller waren, die meinten, mit einer sehr schönen Frau gesprochen zu haben. Die Frauen erschienen den Männern offensichtlich liebenswerter und netter, weil sie die Gesprächsbereitschaft unbewusst aus ihnen herauslockten. Die Männer bemühten sich jedoch bei den »hübschen« Damen einfach mehr, modulierten ihre Stimme häufiger, ergriffen öfter die Initiative, waren humorvoller und interessierter. Im Gegensatz dazu waren die Männer gegenüber den vermeintlich unattraktiven Telefonpartnerinnen wortkarg und sachlich und konnten diese daher nicht zu einem »netten« Gespräch animieren.

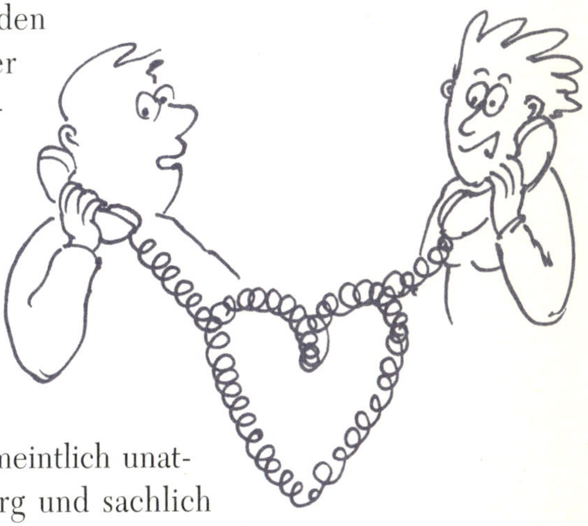

Positiv beleuchtet, beweist uns dieses Verhalten wieder einmal, dass wir selbst es sind, die die Qualität einer Unterhaltung bestimmen, und somit das Verhalten unseres Gegenübers beeinflussen.

Der Chatroom-Flirt

Das Surfen im Internet ist für viele Menschen alltäglich, für den Flirt wird es allerdings nur selten genutzt.

Schnelllebige Zeiten fordern ihren Tribut auch in der Liebe. Jeder redet über Internet und Cyberspace, und viele von uns sind beruflich ohnehin täglich auf den Datenautobahnen unterwegs. Es wird so viel darüber geredet, dass in Wirklichkeit kaum noch jemand richtig durchblickt. Der unermessliche Informationsfluss ist gerade in einem Bereich besonders interessant, über den aber kaum einer spricht: die Chatlines. Die Internet-Cafés boomen, und die Live-Unterhaltung per Tastatur und Maus gehört zu den beliebtesten Angeboten im Netz. An Online-Terminals plauschen Leute aus aller Welt fröhlich miteinander. Das Klirren von Gläsern und Tassen wird vom Tastengeklapper sanft untermalt und wird so zur typischen Kaffeehausmusik des neuen Jahrtausends.

Was bringt das Netz?

Surfen im Internet lässt sich zunächst als neugieriges Umherwandeln in einem prallen Informationsangebot definieren. Der besondere »Kick« aber besteht darin, dass man ständig neue Menschen kennen lernt und somit auch ständig auf die Suche nach einem neuen Abenteuer gehen kann. Jeder sich ergebende Kontakt bietet die Möglichkeit eines Informationsgewinns, einer beruflichen Verbesserung, einer netten Unterhaltung und vor allem eines neuen Flirts. Die Pionierzeiten dieses Mediums, in denen nur Elektronikfreaks und abgedrehte Wissenschaftler den Datenfluss nutzten, sind längst vorüber. Büros, Universitäten, Büchereien und auch die meisten Privathaushalte haben mittlerweile Zugang zum Internet; ein Grund mehr, Sie mit Tipps für dieses moderne Flirtmedium zu versorgen.

Das Angebot an Internet-Diensten ist unerschöpflich. Es ist praktisch für jeden etwas dabei.

Romantik im Netz

Es mag Ihnen vielleicht auf den ersten Blick schwer fallen, den romantischen Aspekt in dieser Art der Begegnung zu sehen. Seien Sie aber gewiss, es gibt ihn! Da man nirgendwo sonst mit so vielen Menschen gleichzeitig kommunizieren kann, ist die Wahrscheinlichkeit, auf eine Person zu treffen, mit der man sich ungewöhnlich gut versteht, sehr groß. Aus dem Gefühl des guten Verstehens kann leicht eine Freundschaft werden, aus der dann wiederum eine Verliebtheit entspringen kann.

Die Wahrscheinlichkeit, dass er oder sie im näheren Umkreis wohnt, ist aber leider relativ gering. Doch gerade dieses Hindernis der Entfernung und der erschwerten realen Kontaktaufnahme ist für viele Chatter »der Stoff, aus dem die Träume sind«. Genau diese Erschwernis bereitet den Boden für romantische Schwärmerei.

Es ist so einfach

Motivationsarme und scheue Menschen wissen die Vorteile des Chatflirts besonders zu schätzen, da man nur etwas mit den Fingern klappern muss, um mit anderen ins Gespräch zu kommen. Onlinedienste wie T-Online, AOL und Compuserve bieten preisgünstige Möglichkeiten, sich im Netz zu präsentieren. Und so ist es zum echten Modehit geworden, seine Gedanken, Fragen und Eindrücke mühelos und meist anonym über ein weit verzweigtes Medium zu publizieren.

Den meisten Spaß macht es aber wohl, dass man sehr leicht Kontakte zu anderen Menschen aufbauen kann. In Einzelgesprächen, kleinen oder größeren Gruppen können sich fruchtbare Diskussionen entwickeln. Häufig kommt es vor,

Computer, Modem und Zugangsberechtigung reichen aus, um ins Internet zu gelangen.

Wer keinen Computer hat, aber auf den virtuellen Flirt nicht verzichten will, kann ins Internet-Café gehen.

dass man einen Gesprächspartner öfter trifft und so auch näher kennen lernt. Nirgendwo sonst hat man die Chance, so einfach und schnell von daheim aus Menschen kennen zu begegnen. Diese Leute sind in der Regel, da selbst am Kontakt interessiert, sehr freundlich und zugänglich.

Keine Vorurteile

Besonders erwähnenswert ist hierbei, dass der Kontakt ohne optischen und akustischen Eindruck vom Gegenüber entsteht. Das Aussehen und die Stimme sind unwichtig, und so geht man völlig vorurteilsfrei ans Werk. In unserer Gesellschaft suchen wir im Kreis von Nachbarn, Arbeitskollegen und Bekannten, bis wir Menschen finden, die unsere Interessen und Werte teilen. Im Cyberspace vollzieht sich diese Annäherung in umgekehrter Reihenfolge, das heißt über ein gemeinsames Thema. Viele Surfer benutzen bewusst den Begriff »virtuelle Gemeinschaft«. Soziologen, Medienwissenschaftler, Psychologen und Computerfreaks streiten sich allerdings darüber, ob dieser Begriff gerechtfertigt ist. Computerhasser sprechen von einer Pseudogemeinschaft, da die räumliche und emotionale Distanz keine Grundlage für eine echte Gemeinschaft sein kann. Ich möchte an dieser Stelle bemerken, dass es freilich immer darauf ankommt, in welcher Art und Weise wir die Errungenschaften der Technik im Allgemeinen und die der Telekommunikation im Besonderen nutzen. So ist z. B. auch das Telefon eine überaus hilfreiche Einrichtung, die unser Sozialleben auf vielfältige Weise bereichert. Andererseits zeugen beispielsweise halbherzige Pflichtanrufe bei den Eltern im Altersheim nicht gerade von hoher sozialer Qualität. Es kommt also immer darauf an, wie wir ein Medium oder eine neue Errungenschaft nutzen. Man sollte dabei nicht vergessen, dass der Chatroomflirt letztlich darauf

Im Internet ist zunächst jeder gleich. Man kann aus der Anonymität heraus vorurteilsfrei auf das Gegenüber »zugehen«.

abzielt, ein reales Kennenlernen herbeizuführen, also eine »natürliche« Gemeinschaft zu schaffen.
Fehlende Wahrnehmbarkeit der Feinheiten und Nuancierungen im persönlichen Ausdruck bei Mimik und Gestik werden den »Cybernauten« als weiterer Fehler angelastet. Kurz: Unpersönlichkeit in höchstem Maße. Engagierte Chatter sehen dies allerdings völlig anders. Sie führen die negativen Seiten der »natürlichen« Gemeinschaften ins Feld, als da wären Standesdünkel, Vorurteile gegenüber Dialekten, Nationalitäten und Rassen sowie allgemeine und persönliche Voreingenommenheit. Die Entscheidung, ob Sie einen elektronischen Erstkontakt wagen wollen, liegt ganz bei Ihnen. Nachdem ich nun hoffentlich Ihre »Schwellenängste« vor einem angeblich anonymen Medium abgebaut habe, wollen wir uns der konkreten Flirtsituation via Internet zuwenden.

Man sollte vermeiden, nur über das Internet soziale Kontakte zu knüpfen, da es so zu einer Vereinsamung im Alltag kommen kann.

With a little help ...

Haben Sie noch keine Erfahrungen mit dem Internet? Lassen Sie sich von Freunden oder Kollegen, die sich damit auskennen, in die Geheimnisse des Netzes einweihen.

Der Einstieg

Wer auf das Internet zurückgreifen will, muss über die Telefonleitung eine Verbindung zum Computernetz herstellen. Nur solange diese Verbindung besteht, können Informationen abgelegt bzw. abgerufen werden.
Telekom, AOL, Compuserve und andere Onlinedienste bieten den Anwendern Foren und verschiedene Konferenzräume mit bestimmten Themenschwerpunkten an. Zum Flirten

eignen sich natürlich die speziell hierfür vorgesehenen »Lines« wie z. B. »www.chatcity.de«, »www.metropolis.de«, »www.chatflirt.de« und viele andere. Eine konkrete Empfehlung möchte ich hier nicht aussprechen, denn die Geschmäcker sind bekanntlich verschieden, und jeder sollte in Aufmachung, Publikum und Themenbereichen seine eigene Wahl treffen. Außerdem kann man sich einer Suchmaschine wie z. B. Yahoo, Lycos oder fireball anvertrauen. Nach der Eingabe von sinnfälligen Begriffen wie »Chat«, »Flirt« oder »Talk« werden Sie eine Fülle von Adressenangeboten erhalten, aus der Sie wählen können.

Die Spielregeln

Wie beim realen Flirt sollte man auch beim Internet-Flirt bestimmte Verhaltensregeln beachten.

Der klassische Chat findet eigentlich zwischen zwei Personen statt. Diese lernen sich entsprechend dem Aufbau und Funktion einer Chat-Seite zunächst in einem größeren Chatroom (je nach Anbieter Foyer, Forum, Meetingpoint, Lounge o. Ä. genannt) und unter Teilnahme anderer Personen bei einem Gespräch kennen. Bei gegenseitigem Gefallen können sie sich dann in eine Art »Séparée« zurückziehen. Dies geschieht über eine direkte Einladung zu einem Gespräch in einem ruhigeren Chatroom. Je nach Anbieter und Software kann das auf unterschiedliche Weise passieren. Man schickt aber immer einer Person, deren Name oder »Nickname« (Spitzname) auf der Anwesenheitsliste auftaucht, eine Nachricht, mit der man Interesse an einem individuellen Gespräch bekundet. Es bleibt dem Adressaten überlassen, ob

er das Angebot annehmen möchte oder nicht. Es gehört zum guten Ton in Chatter-Kreisen, nicht auf einer Unterhaltung zu bestehen.

Das Internet bietet vielfältige Möglichkeiten, mit anderen Menschen ins Gespräch zu kommen.

Die ersten Kontaktaufnahmen verlaufen meist etwas zäh. Man sollte aber nicht aus Enttäuschung gleich die Flinte ins Korn werfen. Von Vorteil ist es auch, wenn Sie relativ schnell tippen können und so in der Lage sind, zügig auf die Bemerkungen des anderen zu antworten. Anfangs ist es auch schwierig, schnell originelle Fragen und Antworten zu finden, die andere Chatter neugierig machen. Aufgrund der fehlenden Gesprächsfaktoren wie Mimik, Gestik und Tonfall haben sich die Chatter etwas einfallen lassen. So genannte Emoticons sollen Ihnen helfen, Stimmungen und sensible Nuancen auszudrücken. Ich stelle Ihnen hier eine kleine Tabelle mit den wichtigsten Emoticons vor.

:-)	Smiley
:-))	Begeisterung
:-D	Charmanter Plauderton
:-/	Leichte Verstimmung
:-(	Missfallen
:-((	Starkes Missfallen
>:-(	Wutgrummler
:-@	Zornbrüller
:-p	Angewiderte Ablehnung
=:-0	Schreck, lass nach!
;-)	Ironisches Zwinkern
:'-(	Tragisch!
:'-)	Ich bin gerührt!
:-x	Kleiner Schmatz
:-X	Großer Schmatz
%-/	Verkaterter Smiley am Morgen

Beim Chat im Internet werden anfängliche Schwellenängste schnell über Bord geworfen.

Chatmüll

Es findet sich leider auch viel »Chatmüll« unter den Beiträgen. Dummdreiste Anmache ist hier manchmal an der Tagesordnung. Allzu oft wird man vor allem als Frau mit Fragen konfrontiert, die einem die Haare zu Berge stehen lassen. Im normalen Leben würde wohl niemand mit derart drastischen Sprüchen auf einen andern Menschen zugehen, und das ist auch gut so. Versuchen Sie in einem solchen Fall erst gar nicht, den Rüpel zurechtzuweisen; solche ferngesteuerten Anonymerotiker werden dadurch in der Regel noch angeheizt. Schicken Sie ihm ein :-(, :-((oder sogar ein >:-(und blenden Sie sich schnellstens aus.

Geben Sie nicht gleich beim ersten Chat Ihre E-Mail-Adresse preis, sondern machen Sie eine Verabredung im Chatroom aus.

Grenzen und Chancen

Sie müssen natürlich auch davon ausgehen, dass durch die Präsenz anderer Chatter und die zeitliche Verzögerung der Datenübertragung ihr Gesprächsfluss etwas durchbrochen wird. Eine eins zu eins Frage-Antwort-Situation findet man in den seltensten Fällen. Damit Sie sich die Situation besser vorstellen können, folgendes Beispiel im Chatroom München:

Beim Chat in der Gruppe muss man immer mit Belästigungen und Störungen von Scherzkeksen rechnen.

Daisy32: Hallo, jemand zum Plaudern da?
Goofy007: Jippijippidoo!
Daisy32: Aha!?
Tom28: Hi, Daisy32, gegen eine nette Plaudertasche habe ich nichts einzuwenden!
Goofy007: Hang loose, baby?
Günther64: Wo ist meine Traumfrau?
Mike18: Wahrscheinlich schon im Bett!
Goofy007: Alles locker, Mädels??
Daisy32: Ist der immer so?
Tom28: Goofy007 ist eben ein bisschen durchgeknallt!
Goofy007: Mal ganz langsam hier, und immer locker bleiben!

Günther64: Daisy32, hast du Lust?
Daisy32: :-(
Mike18: Warum so spröde, junge Frau!
Daisy: :-((
Tom28: Daisy, lass uns das Weite suchen! Wie wär's mit einem Plausch in einem anderen Chatroom?
Goofy007: Was geht denn hier?
Daisy32: Okay, Tom28, was schlägst du vor?
Tom28: Bis gleich im Chatroom Hamburg, da quatscht uns niemand dazwischen, okay?
Daisy32: Bis gleich, Retter aus der Not, ich freu mich schon.
(Tom28 und Daisy32 verlassen die Line.)

Sie sehen also, wie sich so ein Zweier-Chat anbahnen kann. Wenn Sie Glück haben, kommen Sie auch in einen Chatroom, in den Sie eingeladen werden, wo also ein wenig vorsortiert wird und Ihnen die Spaßkäuze und Lustmolche erspart bleiben dürften. Meist netter ist es sogar, wenn Sie über ein spezielles Forum, etwa für Ihr Hobby, Ihr Spezialwissensgebiet, eine Interessengemeinschaft (Fanclubs etc.) bereits eine gemeinsame Gesprächsbasis haben. Sie können sich dann gegebenenfalls ausklinken und plauschen.

Das Internet bietet die Möglichkeit, 24 Stunden am Tag mit Gleichgesinnten zu chatten.

Ist die Berührungsangst erst gebrochen, steht einem netten Geplänkel nichts mehr im Wege. Wie intensiv die Unterhaltung wird, liegt in den Händen der Flirter. Ob man seine E-Mail-Adressen und Telefonnummern nach einer längeren »elektronischen Liaison« letztlich preisgibt, um ein reales Kennenlernen zu ermöglichen, ist Ermessenssache. Viele Anbieter veranstalten auch mehrmals jährlich »Live-Chat-Partys«. Dort gibt es dann die Möglichkeit, Mit-Chatter persönlich kennen zu lernen. Fest steht, dass Romantik und Abenteuer länger ihren Reiz behalten, wenn man sich damit soviel Zeit wie möglich lässt.

Der Urlaubsflirt

Wie schön ist doch der Urlaub! Keine lästigen Termine, keine nervenden Telefonate, einmal ein paar Tage das tun, worauf man Lust hat. In so entspannter Stimmung darf der Flirt natürlich nicht zu kurz kommen. Doch was muss man beim Umgang mit anderen Nationalitäten berücksichtigen?

Die schönste Zeit des Jahres

Im Urlaub kann man frei von Alltagsproblemen und Zwängen des näheren Umfelds tun, worauf man Lust hat.

Damit die Seele im Urlaub auch so richtig schön locker baumeln kann, sind natürlich einige Reisemotivationen genauer zu hinterfragen. Für wen kaufen Sie sich neue Klamotten, für wen versuchen Sie noch auf die Schnelle die Rettungsringe um die Hüften zu »entsorgen«? »Für mich natürlich«, werden Sie sagen, »damit ich mich wohl fühle in meiner Haut.« Ihre Haut gefällt Ihnen aber auch nicht sonderlich gut. Oder warum rennen Sie zwei Wochen vor Reiseantritt nach dem Büro ins Solarium? »Um mir nicht gleich den Pelz zu verbrennen«, werden Sie sagen, »und damit ich nicht aussehe wie eine Tüte Quark.« Dabei wissen wir ganz genau, dass all diese Maßnahmen nicht notwendig sind. Man kann nämlich auch käseweiß, drei Kilo schwerer und in alten Klamotten von einer Reise zurückkehren und sich dabei bestens erholt haben. Die Eitelkeit treibt uns in diesen Stress. Es ist die Lust am Gefallen, Auffallen, Aus-dem-Rahmen-Fallen.

Gesteht man sich dieses Verhalten erst einmal ein, so ist schon ein großer Schritt zur echten Erholung getan. Die Befriedigung der menschlichen, und hier – seien wir ehrlich, meine Damen – besonders der weiblichen Eitelkeit ist ein nicht zu unterschätzender Faktor für das Gelingen einer Urlaubsreise.

Vor einer Reise treffen die meisten von uns umfangreiche Vorbereitungen, um fit für den Urlaubsflirt zu sein.

Um wie viel schneller und höher muss dann aber Ihre Seele baumeln, wenn Sie auf charmante Art umworben wurden oder erfolgreich geworben haben. Das ist selbst dann der Fall, wenn es Ihnen aufgrund des schottischen Dauerregens oder der italienischen Pasta-Mastkur nicht gelungen ist, die Körperfarbe zu verstärken und den Leibesumfang zu schmälern. Stellen wir uns also der absoluten Erholung: dem Urlaubsflirt.

Die besten Voraussetzungen

Der Flirt im Urlaub steht in den meisten Fällen unter einem besonders günstigen Stern, denn weder Alltagsprobleme noch nervende Chefs oder übellaunige Kollegen drücken uns aufs Gemüt. Es kommt meist noch begünstigend hinzu, dass man fest entschlossen ist, sich zu erholen, sich nicht unter Druck setzen zu lassen und jedem Menschen freundlich und offen zu begegnen.

Sie haben also die besten Voraussetzungen für ein ausgeglichenes Seelenleben: offene Neugier an netten Menschen und Freude am Dasein. Nutzen Sie diese Chance, die Zeit ist güns-

Ein interessierter Flirtpartner wird Ihnen bei Sprachproblemen im Urlaub gerne weiterhelfen.

tig! Ob Sie nur eine 14-tägige »Seelenschmeichelei« oder die Partnerin bzw. den Partner fürs Leben dabei kennen lernen, ist zum einen nicht vorraussehbar und zum anderen für den Spaß an der Freud' völlig unerheblich.

Der Schlüssel zum Erfolg

Guter Smalltalk ist auch beim Urlaubsflirt der Schlüssel zum Erfolg! Das gilt vor allem beim Flirt mit Einheimischen. Denn in der Regel ist man nicht in der Lage, in einer Fremdsprache tief schürfende Gespräche zu führen.

Am Ende dieses Buches finden Sie ein Flirtwörterbuch – in den vier gängigsten Urlaubssprachen –, das diesem Umstand Rechnung trägt. Die Originalität ist bewusst relativ niedrig angesiedelt. Wundern Sie sich also nicht, wenn die angebotenen Formulierungen, Fragen und Floskeln Ihnen in obigen Kapiteln als »nicht empfehlenswert« untergekommen sind. Was ich Ihnen an dieser Stelle mehrsprachig anbiete, ist zugegebenermaßen nicht mehr – aber auch nicht weniger – als das kleine Einmaleins der mitteleuropäischen Salonkonversation. Wenn Sie den Fisch aber erst einmal an der Angel haben, können Sie all Ihre geistigen Qualitäten bei Bedarf noch ausreichend unter Beweis stellen.

Auch wenn Ihr Wortschatz eingeschränkt ist, sollten Sie keine Angst vor dem Gespräch mit Einheimischen haben.

Es gibt Reiseführer und spezielle Wörterbücher für besonders originelle »Anmache«. Ich halte diese aber aus folgendem Grund für gefährlich: Vermutlich sprechen Sie die betreffende Fremdsprache entweder gar nicht oder nur bruchstückhaft. Jeder, der sich schon einmal mit einer Fremdsprache im Ausland versucht hat, wird bestätigen können, dass Sprachwitz, lockere Sprüche, »In«-Formulierungen und Jugendsprache am schwersten zu erlernen sind. Als Normalbegabter hat man nämlich nicht das natürliche Sprachgefühl und die situationsbedingte Angemessenheit, um kesse Sprü-

che aufzusagen. Der Muttersprachler hat das dagegen sozusagen von Natur aus.
Klarer gesagt: Sie können mit solch flotten Formulierungen ganz schön Schiffbruch erleiden! Ich kann mich noch gut an eine Szene erinnern, die ich einmal in Frankreich erlebt habe. Ich saß mit einer französischen Freundin in einem Straßencafé in Nizza. Ein junger Mann, der unverkennbar Deutscher war und offenkundig Gefallen an meiner Freundin fand, setzte sich schwungvoll und ungefragt an unseren Tisch. In Jugendsprache wollte er einen flotten Gesprächsaufhänger über das sonnige Wetter an die Frau bringen. Sinngemäß hätte seine eingeübte Formulierung so etwas wie »Das ist ja heute eine schöne Affenhitze!« bedeuten sollen. Was er aber von sich gab, lässt sich etwa folgendermaßen wiedergeben: »Schöne, ich bin geil wie eine Kuh!« Sie können sich vorstellen, dass seinem äußerst missverständlich vorgetragenen Anliegen kein Erfolg beschieden war.

Verschiedene Mentalitäten

Apropos Missverständnisse im Ausland: Obwohl es eigentlich selbstverständlich ist, kann man nicht genug auf Sensibilität in Mentalitätsfragen hinweisen. Erwarten Sie als Frau nicht, dass Sie in einem südeuropäischen oder gar islamischen Land von den Herren besonders respektvoll umflirtet werden, wenn Sie z. B. mit durchsichtiger Bluse in ein Strandcafé gehen. Den männlichen Flirtern ist zu raten, bei südländischen Schönheiten die nötige Diskretion walten zu lassen. Manche Dame ist vielleicht gar nicht so abgeneigt. Wenn Sie jedoch Ihr Balzverhalten vor den fünf sizilianischen Brüdern am Nachbartisch starten, kann das nicht nur zu seelischen Schäden führen.
Um solche eindeutig zweideutigen Grenzwertigkeiten zu umgehen, sind die Redewendungen in meinem Flirtwörterbuch

Besonders gute Chancen beim Urlaubsflirt hat man, wenn man sich den landestypischen Gepflogenheiten anpasst.

in fünf Basissituationen aufgeteilt, die alle recht unverfänglich sind und mit denen Sie bestimmt in kein Fettnäpfchen treten werden.

Höflichkeit und gutes Benehmen schaden auch beim Flirt in lässiger Urlaubsstimmung nicht.

Scheuen Sie den konventionellen Anfang in der Fremdsprache nicht. Korrektes Auftreten hat in den seltensten Fällen geschadet. Selbst wenn Sie es dem Augenschein nach mit einem besonders jugendlichen und flotten Herren oder einer hypermodernen und extravaganten Schönen zu tun haben, können Sie sicher sein, dass Sie vorerst einmal mit einer konventionellen Ansprache den richtigen Ton getroffen haben.

Sollten Sie den Eindruck haben, von dem Gegenüber sofort in die Kategorie »deutscher Spießer« eingeordnet worden zu sein, so haben Sie im Laufe des näheren Kennenlernens immer noch alle Chancen, das Gegenteil unter Beweis zu stellen. Die leicht angestaubten Begriffe »gutes Benehmen« und »Wahrung der Form« haben im Ausland oft einen höheren Stellenwert, als Sie vielleicht annehmen. Fallen Sie aber sofort mit der Tür ins Haus und duzen beispielsweise eine Person, die das vielleicht trotz ihrer Jugendlichkeit nicht will, dann ist es um Ihren Erfolg geschehen. Vermutlich lässt man Sie in so einem Fall sofort und unwiderruflich abblitzen.

Außerdem gilt es zu bedenken, dass coole, geistvolle Bemerkungen, etwas undeutlich oder ungeschickt ausgesprochen, ihre Wirkung einfach deshalb verfehlen können, weil sie vom

Gegenüber schlicht und ergreifend nicht verstanden werden. Man sollte der guten alten Floskel ohnehin nicht allzu viel Unrecht tun. Dem Begriff allein unterstellt der Duden bereits, dass der Sprecher hier eine »nichts sagende Redensart«, eine »formelhafte Redewendung« gebraucht. Das heißt, man unterstellt Ihnen, dass Sie es mit Ihrem Anliegen nicht ernst meinen. Nein, das kann, will und darf der interessierte Flirter nicht auf sich sitzen lassen! Unser gesamtes Gesellschaftssystem würde aus den Angeln gehoben, wenn Sie bei jedem »Guten Morgen«, »Guten Appetit«, »Zum Wohle«, »Mit freundlichen Grüßen«, ja sogar bei jedem »Bitte« und »Danke« den Wahrheitsgehalt der Aussage in Zweifel ziehen würden. Wir wollen vielmehr eine Ehrenrettung der Floskel vornehmen und die lateinischen »flosculi« ganz wörtlich behandeln, als schmückende »Blümchen« Ihrer ernst gemeinten Absichten und Bitten. Wer sich mit diesem Kunstgriff schwer tut, dem seien an späterer Stelle auch die alternativen »Grußformeln« und »Signalwörter« genannt. Schmücken Sie Ihr Anliegen mit diesen hilfreichen »Blumen«, denn Anstand und ein korrekter Anfang waren einem guten Flirt noch nie abträglich.

Hüten Sie sich vor Slang. Als Nicht-Muttersprachler verwendet man ihn meist nicht situationsgerecht.

Hat das »Andocken« erst mal geklappt, können Sie getrost – eventuell auch unter Zuhilfenahme einschlägiger Sprachführer – in den zweiten Gang schalten. Die Ausgangslage ist günstig, denn Grundvertrauen und Grundinteresse wurden geschaffen, und Sie können sich jetzt mit voller geistiger Kraft und unter Aufwendung aller Fremdsprachenkenntnisse in Witz und Ironie, in Koketterie und Tiefsinn üben. Ist das erste Eis gebrochen, sollte es Ihnen auch nicht peinlich sein, mangelnden charmanten Wortschatz mit dem Einsatz von Gestik und Mimik wettzumachen, um den Flirtpartner für sich zu begeistern.

Im Laufe des Urlaubs werden Sie in der Fremdsprache immer sicherer, und die Kommunikation wird Ihnen immer leichter fallen.

Die zweite Runde

Der erste Flirt und die erste Verabredung sind meist Gehversuche auf dem Weg zu einer dauerhaften Beziehung. Doch wie verhält man sich, wenn es ernster wird?

Verführung und Bindung

Die meisten Menschen wünschen sich, dass die Werbung eines Partners zu einer festen Bindung führt.

Ob im Urlaub, am Telefon oder beim Opernball – die ersten Fäden haben Sie erfolgreich geknüpft. Sie haben beim Chatten, beim täglichen Gang zur Buchhaltung oder beim Simple-Minds-Konzert alle Register gezogen. Und es ist Ihnen gelungen, die Aufmerksamkeit eines Menschen zu erlangen, der Sie interessiert. Es wurde gescherzt und geblinzelt, gelacht und gealbert. Das erste Date wurde prima gemeistert, und man hat sich gut unterhalten. Sie sind sich menschlich näher gekommen und freuen sich auf ein Wiedersehen. Es kann also davon ausgegangen werden, dass beide Seiten daran interessiert sind, den Flirt noch intensiver werden zu lassen. Psychologisch wechseln Sie hier von einer Flirtphase in eine andere. Verführung und Bindung heißen die beiden Zauberwörter, die diesen Prozess beschreiben.

Die bisherigen Ausführungen in diesem Buch beziehen sich fast ausschließlich auf die erste Phase: die Werbung. Da aller Anfang bekanntlich am schwersten ist, habe ich den ersten Schritten zum gelungenen Liebesleben den meisten Platz eingeräumt; auch deshalb, weil ich der Meinung bin, dass mit

Beseitigung der Anlaufschwierigkeiten der größte Schritt in die richtige Richtung schon getan ist. Wenn echte Sympathie und Begeisterung erst einmal wachgerufen wurden, so ergibt sich der Rest, wenn auch nicht ganz von selbst, so doch unter wesentlich geringerem Zutun.

Wenn man verliebt ist, dreht sich alles um einen selbst, den Partner und die Beziehung.

Die zweite Stufe ist sogar oft noch reizvoller als die erste. Man könnte sie die »Verführungsphase« nennen, und Hand aufs Herz, wer ließe sich nicht gerne von einem Menschen, an dem man Gefallen gefunden hat, verführen? Während die erste Phase der Partnerwerbung meist schon in den wenigen Stunden der ersten Treffen durchlebt wird, bedarf es in der Verführungsphase häufigerer Zusammenkünfte, um einander endgültig näher zu kommen.

Trifft man den/die Erwählte(n) nun häufiger, dann werden sein Aussehen und Verhalten mit den persönlichen biographischen Schablonen auf Übereinstimmungen hin geprüft. Wie steht der andere zu diesem oder jenem Thema? Ist er konservativ, liberal oder ein Freigeist. Sie prüfen sozusagen, ob seine Ansichten und Wertvorstellungen mit den Ihren übereinstimmen. Fällt Ihre Prüfung positiv aus, dann wird ein bekannter biochemischer Prozess ausgelöst, den wir jetzt endlich beim Namen nennen dürfen: Sie sind verliebt!

Die Liebe

Wenn man verliebt ist, sind massive Hormonausschüttungen an der Tagesordnung. Die guten Geister Adrenalin und Noradrenalin lassen Ihr Herz schneller schlagen und garantieren durch Kreislaufmobilisierung höchste Aktivität und frohe Umtriebigkeit. Ist dieser glückliche Umstand erst einmal eingetreten, so zieht es einen dermaßen stark zu dem andern hin, dass auch der Wunsch nach körperlicher Nähe unaufhaltsam näher rückt. Mehr und mehr kommt es jetzt zu erotischen Kontakten, die aus den scheinbar zufälligen Berührungen und Gesten der kommunikativen Interaktion hervorgehen. Aus dem Händedruck wird schnell ein Streicheln, aus einem Begrüßungskuss auf die Wange schnell auch ein Kuss auf den Mund. Natürlich sind hier individuelle Vorstellungen von Nähe, Intimität und Scham die maßgeblichen Faktoren, die Ihr Verhalten beeinflussen und es entweder beschleunigen oder verlangsamen.

Hormone spielen bei der Liebe eine entscheidende Rolle. Sie beeinflussen z. B. Herzfrequenz und Blutdruck.

Ein weiteres Hormon, das in der Liebe eine bedeutende Rolle spielt, ist das Phenylethylamin. Es vermittelt ein permanentes Gefühl von freudiger Erregung und Aufgewecktheit. Da wird mit unglaublicher Energie ganze Nächte durchgeredet, da wird unermüdlich gebalgt und geschmust. Ihr Umfeld nimmt Sie als aufgekratzt, leichtsinnig und geistesabwesend wahr. Sie sollten jedes Treffen genießen, denn wenn sich eine feste Beziehung anbahnen sollte, dann werden Sie sich Ihr ganzes weiteres Beziehungsleben – und auch darüber hinaus – noch an genau diese lauen Sommerabende, gemütlichen Winternachmittage oder heißen Nächte erinnern.

Kein Mensch verschwendet vier oder fünf Abende oder Tage für gemeinsame Treffen, wenn er kein wirkliches Interesse hat. Realistin, die ich bin, muss ich Ihnen aber auch sagen, dass dies aber auch genau der Zeitraum ist, in dem Sie sich ohne größere Schwierigkeiten und allzu große Seelenqual für beide Seiten zurückziehen können. Beide Partner werden dann das gemeinsame Erlebnis als nette, wilde oder romantische Begegnung unter der Überschrift »Affäre« in überwiegend positiver Erinnerung behalten.

Jeder von uns weiß, welche enormen Energiereserven man mobilisieren kann, wenn man verliebt ist.

Schokolade

Zwar enthält auch Schokolade das »Glückshormon« Phenylethylamin, doch ist eine Liebesbeziehung dem Verzehr von größeren Mengen der Süßwaren auf jeden Fall vorzuziehen. Ist man verliebt, wird das Hormon vom Körper selbst produziert und ausgeschüttet. Eine Liebelei ist somit nicht nur besser für die Zähne, sondern auch für die schlanke Linie.

Auf was man achten sollte

Wie stellt man nun aber fest, ob man tatsächlich ernsthaft verliebt ist oder ob es sich nur um eine flüchtige Verliebtheit handelt? Am besten prüfen Sie den/die Auserwählte(n) auf Beziehungstauglichkeit und andere menschliche Qualitäten, die für eine gemeinsame Zukunft entscheidend sind. Es ist nicht gleich nötig, einen Privatdetektiv zu engagieren, ein wachsames Auge genügt oft schon.

Frauen sollten bei Männern darauf achten, was ihr Verhalten über ihre generelle Einstellung zum weiblichen Geschlecht verrät. Auch der charmanteste Kavalier mit den ausgefeiltesten Manieren kann ein ausgesprochener Macho sein. Er überschüttet Sie mit Aufmerksamkeiten und konventioneller Höflichkeit, Sie stellen aber bei genauer Beobachtung fest, dass, sobald es um ernsthafte Themen und handfeste Entscheidungen geht, Ihre Meinung nicht ernstlich gefragt ist. So etwas geht bei der Auswahl des Restaurants und der Diskussion um das Reiseziel für den geplanten Wochenendtrip los und endet

Auch wenn man noch so verliebt ist, sollte man darauf achten, dass man sich selbst nicht zu stark zurücknimmt.

meist bei der Repräsentationspflicht im Damenzirkel des Rotary-Clubs. Wenn Sie also am potentziellen Partner Züge erkennen, mit denen Sie sich nicht arrangieren wollen, ist jetzt die richtige Zeit, die Affäre zu beenden.

Die Entscheidungskompetenz

Als Frau muss man leider auch in der heutigen Zeit darauf achten, dass man bei Entscheidungen von Männern nicht übergangen wird.

Das traditionellste Verständnis von Entscheidungskompetenz sieht folgendermaßen aus: Er trifft die großen Entscheidungen, sie bestimmt die Farbe des Schlafzimmers und der Rosen im Vorgarten. Doch Derartiges deutet sich schon früh an. Als Frau sollte man auf seine Reaktionen achten, wenn es um Frauen in der Wirtschaft oder Mutter und Beruf geht. Registrieren Sie das Interesse, das er den Erzählungen von Ihrem beruflichen Fortkommen entgegenbringt. Horchen Sie auf, wenn er von einem seiner Kollegen erzählt, der von seiner geschiedenen Frau völlig zu Unrecht »abgezockt« wurde.

Die Rollenverteilung

Wenn beide Seiten ihre Unabhängigkeit wahren, bleibt die Beziehung interessant und abwechslungsreich.

Diese Empfehlungen treffen natürlich nur zu, wenn Frauen nicht genau diese Rollenaufteilung wünschen. Es fällt mir allerdings manchmal selbst schwer zu glauben, dass es immer noch Heerscharen von Frauen gibt, die ihre Selbstständigkeit und finanzielle Unabhängigkeit mit Freuden aufgeben. Doch es gibt sie. Sie lassen sich sogar gerne und bewusst als schmückendes Beiwerk eines erfolgreichen Mannes aushalten. Sie würden am liebsten gleich nach dem ersten Abend ihren Job kündigen, um mußevolle Nachmittage fortan bei Pediküre, Maniküre und den führenden Einzelhändlern ihres Wohnortes zu verbringen. Wenn Ihnen ein solches Exemplar unterkommen sollte, meine Herren, ist äußerste Vorsicht geboten. Es sei denn, auch Sie favorisieren die Vorzüge dieser Art der Rollenverteilung.

Kurze Sittengeschichte

Nutzen Sie bei den ersten Treffen die Gelegenheit, und achten Sie auf Manieren. Nein, keine Angst, liebe Leserinnen und Leser, ich möchte mich in diesem Buch nicht als Anstandswauwau im Stile der fünfziger Jahre betätigen. Aber zum einen sind gute Manieren nie wirklich aus der Mode gekommen, zum anderen sind sie nicht mit überkommenen, moralinsauren Verhaltensvorschriften gleichzusetzen.

Adolph Freiherr von Knigge wollte seine Zeitgenossen zu mehr Selbstständigkeit erziehen.

Der Knigge

Schon der berühmte Adolph Freiherr von Knigge war nämlich keineswegs ein Vertreter der Etikettenreiterei, auch wenn sein Name noch heute für diese steht. Sein Buch »Über den Umgang mit Menschen« wird zu Unrecht als Benimmbibel bezeichnet. Es handelt sich nämlich keineswegs um eine Auflistung von korrekten Besteck- und Speisenfolgen, Hofknicksen, Krawattenknoten und Rocklängen. Als Beweis hier ein kleiner Auszug aus dem Inhaltsverzeichnis des oft verkannten Werkes:

»Strebe nach Vollkommenheit; aber nicht nach dem Scheine der Vollkommenheit!«, »Sey nicht zu sehr ein Sklave der Meynung Anderer!«, »Suche Gegenwart des Geistes zu haben!«, »Interessire Dich für Andere, wenn Du willst, daß Andre sich für Dich interessiren sollen!«, »Ueber die Schmeicheley«, »Ueber das Spaßmachen!«, »Ueber Anekdoten«.

Alles sinnvolle und gehaltvolle Themen, die für jeden Flirter höchst interessant und nützlich sind. Fauxpas, die wir gemeinhin mit »Das steht aber nicht im Knigge!« kommentieren, sind Verfehlungen gegen ein Reglement weitaus jüngeren Datums. Freiherr von Knigge lebte nämlich Ende des 18. Jahrhunderts an verschiedenen deutschen Fürstenhöfen und verscherzte es sich mit seinen Dienstherren stets durch sein aufklärerisches Gedankengut. Er wollte Zeitgenossen nicht zu dressierten Paradeäffchen machen, sondern zu eigenverantwortlichen und selbstständig denkenden Menschen. Was wir heute unter Knigge verstehen, sind größtenteils bürgerliche Rituale des ausgehenden 19. Jahrhunderts.

In den fünfziger Jahren gab es ein Revival der Anstandsregeln des 19. Jahrhunderts.

Gutes Benehmen heute

Heute finden wir eine Mischform. Wir haben die Freiheit, unsere Wertschätzung und Aufmerksamkeit individueller zu zeigen. Sie können Ihren Flirt zum Essen einladen und die Rechnung übernehmen, wenn es Ihnen angemessen erscheint. Sie müssen aber nicht bezahlen, nur weil sich das so schickt. Umgekehrt muss man sich auch nicht einladen lassen, wenn man das nicht will.

Diese Lockerung gewisser Verhaltensrituale führt manchmal natürlich auch zu Unklarheiten. Der Mann würde vielleicht nun einmal gerne einladen, fürchtet aber, eine emanzipierte und selbstbewusste Frau damit zu beleidigen oder vor den Kopf zu stoßen. Diese Probleme lassen sich leicht vermeiden, indem Sie Ihre Bedenken charmant zum Ausdruck bringen: »Ich würde mich gerne für den wunderschönen Abend bedanken, indem ich Sie einlade. Wenn ich jetzt die Rechnung bestelle, halten Sie mich dann für einen Macho?« Sie wird wahrscheinlich lachend antworten, dass eine wirklich emanzipierte Frau keine Probleme mit einer Einladung zum

Die Devise »Erlaubt ist, was gefällt« der 68er führt heute zu Unsicherheiten in Benimmfragen.

Abendessen hat, und dankend annehmen. Oder sie wird Sie freundlich darauf hinweisen, dass auch ihr der Abend gut gefallen habe, und da Sie ja letzte Woche das Kino bezahlt haben, sei sie nun an der Reihe, sich erkenntlich zu zeigen. Dann sollte auch der männliche Flirter dankend annehmen.

Was ich damit sagen will, ist Folgendes: Nicht das Befolgen unumstößlicher »musts« oder akribische Kenntnis des spanischen Hofzeremoniells ist entscheidend, vielmehr – man möge mir diesen antiquierten Ausdruck verzeihen – die Herzensbildung. Genau diese Eigenschaft ist es auch, um die es dem guten alten Herrn Knigge ging. Damit meine ich die liebenswerte Aufmerksamkeit gegenüber einer Person, die man schätzt. Ich rede von Manieren als Ausdruck von Respekt und Achtung vor den Mitmenschen. Sie mögen meine Worte vielleicht für ein wenig zu moralisch und unzeitgemäß halten. Aber glauben Sie wirklich, dass jemand, der anderen in der Verführungsphase die Tür vor der Nase zuschlägt, das letzte Taxi wegschnappt, nur an den persönlichen Gewinn denkt und seine Mitmenschen nicht ausreden lässt, im Laufe einer längeren Beziehung rücksichtsvoll, aufmerksam und unterstützend auf sein Gegenüber eingehen wird?

Ein angenehmer und höflicher Zeitgenosse bringt seiner Putzfrau die gleiche Höflichkeit entgegen wie seinem Chef.

Knigge-Check

Beobachten Sie die Art und Weise, wie Ihr Flirtpartner mit anderen Personen umgeht. Wie verhält sich der andere gegenüber der Kellnerin im Restaurant oder dem Taxifahrer? Sie können an diesem Umgang so einiges ablesen. Dieser »Knigge-Check« bewahrt Sie vor manchen vermeidbaren Überraschungen.

Die Partnerschaft

Wird nicht nur um des Flirtens willen geflirtet, ist das Ziel in den meisten Fällen eine feste Partnerschaft. In dieser Verbindung sind Verständnis und das tolerante Miteinander besonders wichtig. Auf den liebenswerten Flirt sollte aber auch innerhalb der Partnerschaft nicht verzichtet werden.

Wenn es ernster wird

In jeder noch so harmonischen Beziehung gibt es Reibungspunkte, die Kompromisse nötig machen.

Die Partnerschaft ist die höchste Beziehungsebene. Sie bejahen den ausgewählten Menschen und möchten ihm auch weiterhin näher kommen. Besitzen beide Teile eine eigene Wohnung, so hält sich einer der beiden häufiger beim anderen auf. Sie verbringen verstärkt ihre Freizeit miteinander und entdecken trotz aller positiven Faszination, dass es auch einschneidende – aber überbrückbare – Unterschiede gibt.

Kompromisse und Reibungspunkte

Die Art der Freizeitgestaltung, unterschiedliche Intensität beruflicher Beanspruchung, Einbindung in verschiedene Freundeskreise etc. machen in dieser Phase den einen oder anderen Kompromiss nötig. Sie hasst klassische Konzerte, er hasst Rock, er ist ein Tanzmuffel, sie Flamencotänzerin, sie will in den Bergen wandern, er am Meer faulenzen. Plötzlich fragt man sich nochmals, ob man wirklich die richtige Entscheidung getroffen hat. Ständige Diskussionen um den Besuch dieses oder jenes Kinofilms, dieser oder jener Party können ganz schön aufreibend sein, sind aber unumgänglicher Bestandteil einer ganz normalen Entwicklung. Man hat sich jetzt bereits so gut kennen gelernt, dass man weiß, welche Eigenschaften man an der Eroberung schätzt und welche einen nerven. Die Auseinandersetzungen zeigen, dass Sie bereit sind, einen Menschen zu akzeptieren und sich gegenseitig aufeinander einzustellen. Wenn Sie natürlich merken, dass Sie von A wie Außenpolitik bis Z wie Zahnpasta keinerlei Berührungspunkte haben, dann ist der »Zauber« in der Regel ohnehin schnell vorbei.

Unterschiedliche Interessen sind mit Sicherheit kein Grund, eine Beziehung nicht einzugehen.

Vielleicht gehören Sie aber zu den Menschen, die durchaus in der Lage sind, Kontakte herzustellen, sie aber nicht zu intensivieren verstehen. Vielleicht sollten Sie beim nächsten Mal einfach darauf achten, es etwas langsamer angehen zu lassen. Versuchen Sie, mit Ruhe und Geduld eine Beziehung aufzubauen. Wer zu viel Erwartungen in einen fremden Menschen setzt und sehr schnell sehr viel von ihm verlangt, wird zwangsläufig enttäuscht. Zu zügige Integration in den Alltagstrott und permanente Nähe können einen Beziehung leider schnell im Keim ersticken.

Wahren Sie Ihre Interessen

Jeder, der in einer Beziehung lebt, wird feststellen, dass die Art der Gespräche viel offener und persönlicher wird, da die Angst der Zurückweisung, die in der Werbungsphase zu großem Harmoniebedürfnis führte, langsam schwindet. Man verabredet sich lockerer und planloser und bringt die gemeinsame Zeit mehr und mehr in den alltäglichen Tagesablauf unter. Achten Sie aber darauf, dass Sie Ihren Freundeskreis nicht vernachlässigen.

Wer seinen Partner wirklich liebt, lässt ihm die Möglichkeit, seinen Interessen nachzugehen.

Das Flechten eines »Wir-Gefühls« ist ein langsamer Prozess, der auf gegenseitiger Rücksichtnahme und Zuneigung besteht. Es bringt überhaupt nichts, sich in erster Verliebtheit seinem Partner anzugleichen oder womöglich »unterzuordnen«. Im Gegenteil! Respekt und auch das gewisse Maß an »Bewunderung« sind dem Festigen einer neuen Beziehung zwar förderlich und die Basis für eine gleichberechtigte Partnerschaft. Wenn der Partner oder die Partnerin dabei jedoch bemerken, dass Sie trotz des Bemühens auf seine/ihre Bedürfnisse einzugehen, Ihre eigenen Interessen nicht aus dem Auge verlieren, sorgt dies für bleibende Faszination. Denken Sie hier wieder einmal an das eingangs erwähnte Jagdverhalten. Beute, die sich zu leicht ergibt, ist schnell uninteressant. Auch in der Partnerschaft.

Gemeinsame Wochenendtrips, die ersten Urlaube und die von nun an häufigen Besuche bei den »Schwiegereltern« sind ein weiterer Härtetest.

Vorsicht Familie!

Lassen Sie sich auf keinen Fall zu schnell in die familiäre Tretmühle einspannen. Zuerst müssen Sie mal mit dem Partner klar kommen und erst dann mit seiner Sippe. Sollte die Beziehung Bestand haben, sind Sie noch früh genug am Familientheater beteiligt!

Die Festigung einer Beziehung

Im Laufe einer Beziehung nimmt das gegenseitige Vertrauen zu, und man offenbart sich gegenseitig auch negative Emotionen und dunkle Stellen in der Vergangenheit. Durch diese ehrliche und offenherzige Auseinandersetzung mit »Geständnissen« und »Altlasten« können beide zu einer Art gemeinsamer Ansicht über die Qualität und Bedeutung der Beziehung gelangen. Wer abwartet, sich auf die machmal anstrengende Bindungsphase einlässt und sich ausgiebig mit seinem neuen Partner beschäftigt, kann die Ausschüttung eines weiteren Liebeshormons erleben. Oxytozin heißt das Wundermittel. Es ist verstärkt für Geborgenheits- und Fürsorglichkeitsgefühle verantwortlich und mobilisiert Vertrauen und Zärtlichkeit. Die erste Gier und heftige Leidenschaft, mit der frisch verliebte Paare übereinander herfallen, weicht sozusagen einem langfristig angelegten und intensiven Glücksgefühl. Sie werden Zärtlichkeit doppelt angenehm empfinden, und es wird eine ausdauernde, lang anhaltende Befriedigung ermöglicht, die auf echter Zuneigung basiert.

Das Offenbaren von kleinen Geheimnissen schafft Vertrauen und festigt so die Partnerschaft.

Hormone übernehmen nicht nur beim Verlieben, sondern auch in der Beziehung steuernde Funktionen.

Der Flirt, das Salz in der »Beziehungssuppe«

Schauen wir der Realität ins Auge! Sie sind langsam, aber sicher in etwas hineingeschlittert, was landläufig als »feste Beziehung« bezeichnet wird. Weil ich wahrscheinlich ein romantischer Charakter bin, gehe ich davon aus, dass das Ziel eines erfolgreichen Flirts für die meisten von uns eine glückliche Zweierbeziehung sein soll. Weniger »altmodische« Charaktere können dieses Kapitel getrost überlesen. Dieser Rat-

geber soll ja auch für Kurzzeit-Flirter gedacht sein, die entweder schon in einer Beziehung leben, aber auf das kribbelnde Erlebnis nicht verzichten wollen oder die einfach nur Spaß an kurzen Flirtabenteuern ohne langfristige Folgen haben. Auch das ist nichts Verwerfliches.
Der Flirt kann ja so vieles sein: Spaß am Umgang mit Menschen, zielgerichtete Partnersuche oder romantische Träumerei, notwendiges Übel auf der Suche nach einem handfesten One-Night-Stand oder partnerschaftliche Beziehungspflege.

Beziehungsregulator Endorphin

Mit zunehmender Dauer einer Beziehung übernehmen Endorphine (eine Art biologische Glücksdroge) eine beziehungsregulierende Funktion. Sie tragen dazu bei, dass Unangenehmes weniger wichtig genommen wird und Positives noch angenehmer erscheint. Dieser biochemische Beziehungsregulator wird ungefähr ab dem zweiten Jahr einer Beziehung verstärkt ausgeschüttet und ist ein hilfreicher Geist für jegliches Zusammenleben. Er gibt Ihnen die nötige Kraft, Muße und Gelassenheit, die es braucht, um ein tiefes Vertrauensverhältnis aufzubauen und langfristig zu festigen. Da Sie in dieser Zeit natürlich auch einige negative Aspekte an Ihrem Partner kennen lernen werden, ist die Ausschüttung eines »Toleranzmittels« in dieser Phase der Beziehung sicherlich von unschätzbarem Wert. Die stabilisierenden Werte und Gefühle geben Ihnen die Möglichkeit, Vertrauen und Geborgenheit für die Zeit aufzubauen, in denen die Biochemie Sie auf dem Trockenen sitzen lässt.

Endorphine helfen uns, auch in schwierigen Beziehungsphasen wieder zueinander zu finden.

Der Beziehungsflirt

Sie haben vorhin übrigens richtig gelesen: Es gibt tatsächlich Menschen, die sich im Flirten nur fit machen, um ihre Partnerschaft wach zu halten, sich ihre Zuneigung immer wieder bewusst zu machen, und das aus gutem Grund. Die meisten halten Flirten für eine Angelegenheit, die vor der festen Partnerschaft anzusiedeln ist, also für eine Art »ritualisiertes Balzverhalten«. Auch wenn der erste Kontakt hergestellt ist, halten frisch verliebte Paare gegenseitiges Beflirten noch für die natürlichste Sache der Welt. Es lässt sich sogar wissenschaftlich belegen, dass Verliebte sich häufiger in die Augen schauen, häufiger die körperliche Nähe zum anderen suchen und zärtlicher im Umgang miteinander sind als Paare, die schon länger zusammen sind.

Wer den Flirt mit dem Partner aufrecht erhält, kann auf Dauer in der Beziehung glücklich werden.

Ein ganz anderes Bild zeigt sich leider bei Langzeitpaaren und Verheirateten. Der Flirt im Alltag hört hier in den meisten Fällen komplett auf. Er wird nur noch eingesetzt, um die persönlichen Interessen durchzusetzen; sei es der Wunsch nach Geschlechtsverkehr, einem Geschenk oder auch nur nach einem gemeinsamen Spaziergang. Viele Paare scheinen den liebevollen Umgang miteinander, die Bereitschaft, offenherzige Gespräche zu führen, den anderen ganz bewusst wahrzunehmen, wohl verlernt zu haben. Es wird einfach zu wenig geredet und zu wenig gemeinsame Zeit miteinander verbracht, um wirklich glücklich zu sein.

In vielen Beziehungen tötet der Alltag die Bereitschaft zum Flirt und zum liebevollen Umgang miteinander.

Die Gründe hierfür sind bekannt. Die meisten Gespräche drehen sich überwiegend um Bewältigung des Alltagsprogramms: Wer holt wen wann wo ab, wer kauft ein, besorgt die Blumen für Tante Herta, bringt das Altglas weg, gießt die Blumen? Die gemeinsame Zeit außer Haus besteht überwiegend aus Einladungen bei Freunden, Familienfesten, Nachbarschaftsfeiern, Elternabenden oder ähnlichen »Verpflichtungen«. Viele Paare kommen oft nicht einmal auf die Idee, alleine, das heißt zu zweit, ins Kino, Theater oder Restaurant zu gehen und sich miteinander und übereinander zu unterhalten. Aber warum eigentlich nicht?

Befragte Paare geben stets die gleiche Leier an Gründen an: berufliche Anspannung, Terminstress, Überforderung durch den Alltag, finanzielle Schwierigkeiten, fehlendes Verständnis, überhöhte Ansprüche des Partners und vieles mehr. Diese Argumente haben zugegebenermaßen alle ihre Berechtigung, dennoch sollte man deshalb seine Partnerschaft nicht vernachlässigen. Die meisten Menschen halten ihren Partner für etwas Selbstverständliches und für stets verfügbar. Daraus resultiert übrigens auch, dass viele verlassene Partner bei einer Trennung plötzlich aus allen Wolken fallen und die Welt nicht mehr verstehen.

Klinken Sie sich aus dem Alltag aus. Nehmen Sie sich die Zeit, und konzentrieren Sie sich voll auf Ihren Partner.

Sand im Beziehungsgetriebe

In fast jeder Beziehung kommt einmal der Punkt, an dem uns Kleinigkeiten, über die wir anfangs lächelnd hinwegsahen oder die wir sogar »süß« fanden, fast in den Wahnsinn treiben. Liebenswürdige Eigenarten empfinden wir plötzlich als Macken oder Spleens, die uns nerven. Zu diesem Zeitpunkt ist man in einer kritischen Beziehungsphase, in der einen die Biochemie mit all ihren Muntermachern und Schokoladenenzymen sitzen lässt. Hier gilt es also zu handeln, um die Natur zu überlisten.

Gerade in Langzeitbeziehungen sollte man die Größe aufbringen, über kleine Unzulänglichkeiten des Partners hinwegzusehen.

Nachdem wir den Status quo im Beziehungsalltag analysiert haben und Gründe für die eine oder andere »grobe Fahrlässigkeit« erfahren haben, will ich es natürlich nicht versäumen, Ihnen konkrete Vorschläge für die Vermeidung solcher alltagsbedingter Abstumpfung mit auf den Weg zu geben. Ich bin mir dabei durchaus bewusst, das es sehr viel positiver

Die richtige Einstellung

Versuchen Sie zu verhindern, dass die Beziehung vom Alltag »aufgefressen« wird. So unangenehm und belastend Ereignisse beispielsweise im Berufsleben auch sein können, sollten Sie sich doch auch immer die Zeit nehmen, sich auf Ihren Partner einzustellen, und seine Sorgen und Bedürfnisse berücksichtigen.

Energie bedarf, den nötigen »Drive« aufzubringen, um dem lähmenden Alltagstrott zu entkommen. Aber wenn Sie Ihren Partner lieben und an einer partnerschaftlichen Zufriedenheit interessiert sind, werden Sie ihn schon aufbringen, dessen bin ich mir ganz sicher.

Selbstverständlichkeiten

Ich sprach oben von der Selbstverständlichkeit, mit der wir der Gegenwart eines Partners begegnen. Sicherlich, Selbstverständlichkeit kann auch positive Aspekte haben und im Sinne von langfristigem Vertrauen und Kontinuität gedeutet werden. Was ich aber meine, ist die Selbstverständlichkeit, die eher mit Nachlässigkeit, Unaufmerksamkeit und Gleichgültigkeit einhergeht und leider die häufigere Fassette dieses Wortes zu sein scheint. Sie erachten bestimmte Dinge oder Verhaltensweisen bei Ihrem Partner als völlig normal und selbstverständlich, für die Sie bei anderen Personen voll des Lobes und Dankes wären. Beispielsweise eine nächtliche Abholaktion vom Bahnhof oder Flughafen, ein Korrekturlesen einer wissenschaftlichen Arbeit oder eines Geschäftsberichtes, das Umgraben des elterlichen Gartens und ähnliche Wohltaten.

Betrachten Sie nicht jede Aufmerksamkeit Ihres Partners als Selbstverständlichkeit.

Natürlich wird es jeder vernünftige Mensch als normal erachten, seinem Partner in schwierigen Situationen zur Seite zu stehen und ihn so gut als möglich zu unterstützen. Ich meine damit nicht, dass man sich für jede Kleinigkeit überschwänglich und über die Maßen bedanken muss. Man sollte es aber registrieren und es sich bewusst machen, auch wenn man selbst permanent dies oder jenes für den anderen tut.

Kleine Aufmerksamkeiten

Vergessen Sie nicht, sich bei passenden Gelegenheiten mit einer netten Geste zu bedanken und zu erwähnen, dass Sie durchaus bemerken, wie aufmerksam Sie von Ihrem Partner behandelt werden. Bei größeren Aktionen, wie der oben beispielhaft genannten Flughafenfahrt, können Sie dies durchaus direkt sagen, auch wenn man Ihnen vermutlich entgegnen wird: »Aber das ist doch selbstverständlich, Schatz!« Freude bringt es trotzdem! Revanchieren Sie sich mit einer kleinen Aufmerksamkeit. Es ist übrigens nicht nötig, jeden zweiten Tag die Blumen- oder Krawattenläden der Stadt leer zu kaufen. Ein Gänseblümchen auf dem Nachttisch oder ein Briefchen auf dem Küchentisch erfüllen den Zweck auf viel liebenswürdigere Weise.

Veranstalten Sie doch wieder einmal einen Abend zu zweit, ohne Kind, Rind und Kegel, ohne Freunde, Nachbarn und Kollegen. Lassen Sie Ihren Partner ganz einfach Ihre ungeteilte Aufmerksamkeit spüren, die ihm eigentlich jeden Tag zukommen müsste. Nähern Sie sich beim Candlelightdinner oder Kaminfeuer oder auch beim Bergwandern, Inlineskaten oder Gokartfahren wieder langsam und ungestört einander an.

»Kleine Geschenke erhalten die Freundschaft«. – Dieser alte Spruch sollte auch in der Partnerschaft gelten.

Schaffen Sie wie in der Anfangszeit Ihrer Beziehung neue gemeinsame Erlebnisse. So müssen Sie nicht ewig von den Ereignissen Ihrer Kennenlernphase zehren. Starten Sie ab und zu mal eine Überraschungsaktion: Fahrt ins Blaue, Picknick, Opernkarten, Hubschrauberrundflug, Budenzauber und Ringelpiez. Auch wenn Ihre Idee mal nicht so gut ankommt, es freut sich dennoch jeder, wenn man sich Gedanken um ihn und das Glück der Beziehung macht.

Auch ein bisschen (!) Eifersucht kann der Beziehung dienlich sein, da man Interesse für den Partner zeigt.

Komplimente

Neben Salz gibt es noch zahlreiche weitere Gewürze des partnerschaftlichen Miteinanders, die den täglichen Teller Suppe feurig bleiben lassen. Beachten Sie Ihren Partner, und schauen Sie ihn sich täglich aufs Neue ganz genau an. Untersuchungen haben gezeigt, dass bei den meisten Paaren die kleinen Nachlässigkeiten der Auslöser für den schalen Geschmack des Alltags sind.

Eine neue Frisur, ein neues Kleidungs- oder Schmuckstück, eine veränderte Barttracht fällt vielen Langzeitpaaren erst viel zu spät auf. Schauen Sie genauer hin, sieht Ihr Partner heute müde, gestresst, niedergeschlagen, strahlend oder unzufrieden aus? Fragen Sie nach den Ursachen. Machen Sie eine nette Bemerkung, wenn Sie eine optische Veränderung bemerken.

Scheuen Sie krankhafte Eifersucht und übersteigerte Besitzansprüche. Beides ist tödlich für eine funktionierende Partnerschaft.

Ziehen Sie auch bei einem festen Partner alle Register des Flirtrepertoires vom Augenaufschlag bis zur zärtlichen Berührung, vom koketten Geplänkel bis zur gekonnten Verführungsaktion. Sie werden sehen, es lohnt sich! Üben Sie sich aber auch getrost weiterhin in der hohen Flirtkunst mit anderen Flirtpartnern (ich spreche hier von Höflichkeits- und Gelegenheitsflirts), das stärkt Ihr Selbstbewusstsein, erweitert Ihr Ideenrepertoire und macht den Alltag reizvoller.

Verhalten bei »Fehlgriffen«

Nicht immer ist der Flirt ein durchschlagender Erfolg. Was ist also zu tun, wenn der Flirtpartner sich als nicht ganz so interessant herausstellt, wie zunächst angenommen? Wie verhält man sich im Gegenzug, wenn man einen Korb bekommt?

Der misslungene Flirt

Jeder von uns hat schon die leidvolle Erfahrung gemacht, dass nicht jeder Flirt zum Erfolg führt.

Bisher bin ich bei all meinen Tipps und Ratschlägen davon ausgegangen, dass Ihre Bemühungen von Erfolg gekrönt sind. Diesen Ansatz halte ich auch nach wie vor für die richtige Methode. Wenn die Angst vor einem eventuellen Misslingen ständig über Ihnen schwebt, werden Sie keinen Piep sagen. Alle guten Ratschläge sind umsonst, wenn Ihnen Unsicherheit und Zaghaftigkeit schon beim ersten Blick ins Gesicht geschrieben sind. Dennoch, meine Damen und Herren, muss ich Ihnen an dieser Stelle eine unangenehme Enthüllung machen: Manchmal müssen wir beim Flirten auch Enttäuschungen hinnehmen. Aber seien Sie nicht allzu schockiert; die Schicksalsgötter haben ihre Launen für engagierte Flirter auf zwei Unliebsamkeiten beschränkt.

Sie wollen, aber Ihr Gegenüber will nicht

Dieser tragische Fall ist unter der Bezeichnung »einen Korb bekommen« in unsere Sprache eingegangen. Das rührt von dem mittelalterlichen Brauch her, einem ungeliebten, vor dem Schlafkammerfenster harrenden Freier einen Korb hinunterzuschicken. Man ließ den Verehrer dann beim Hochziehen entweder auf halber Strecke die ganze Nacht hängen (hängen lassen), oder er fiel durch den gelockerten Korbboden (durchfallen lassen). Im 18. Jahrhundert wurden die Bräuche dann etwas ziviler, und man sandte einem Bewerber einfach einen Korb ohne Boden nach Hause.

Meist merkt man es schon in den ersten Minuten, wenn der Flirtpartner nicht zu einem passt.

Sie sehen, es besteht für uns heute also kein Grund zum Jammern. Die Erfahrung des Abgewiesenwerdens war in der Menschheitsgeschichte schon wesentlich schmerzhafter.

Ihr Gegenüber will, aber Sie wollen nicht

Zur Kenntlichmachung dieses Falles bedient sich unsere Muttersprache eines weiteren bildlichen Ausdrucks: Man erteilt eine Abfuhr. Die schlagenden Burschenschaften führten ihre in der Mensur geschlagenen Gegner nach gewonnenem Fechtkampf ab und erteilten ihnen somit eine Abfuhr. Auch wenn heute – zumindest in Liebesdingen – keine Säbel mehr gezogen werden, so ist die Abfuhr oft nicht minder schmerzlich. In unseren (weitgehend) zivilisierten Zeiten ist es dem erfolglos Umworbenen in der Regel sogar peinlich, eine Abfuhr zu erteilen. Dennoch wäre nichts fataler, als einen Flirt nur zu erwidern, um den anderen nicht zu verletzen. Es wird nicht lange dauern, bis der »Betrug« auffliegt. Und die Schmach ist dann umso größer. Wie Sie möglichst galant und ohne unnötige Verletzungen und zurückbleibende Narben eine Abfuhr erteilen, erfahren Sie hier.

Der Korb

Wer wiederholt einen Korb erhält, sollte sich nicht unter Druck setzen. Nur wer unverkrampft an den Flirt herangeht, wird Erfolg haben.

Natürlich kann man nicht immer auf Anhieb Erfolg haben. Das ist doch auch gar nicht notwendig. Das Einzige, was zählt, ist, dass Sie über Ihren Schatten gesprungen sind und »es« gewagt haben. Sie müssen übrigens auch lernen, ganz klar zu trennen, denn wenn Sie eine Pleite einfahren, so muss das nicht unbedingt an Ihnen liegen.
Wenn es Ihrer Ansicht nach doch einmal an Ihnen liegen sollte, dann vielleicht nicht primär an Ihrer Person oder an Ihrem Äußeren, sondern daran, dass Sie einen schlechten Tag haben.

Kein Erfolgsdruck

Auch wenn es immer wieder nicht funktioniert, denken Sie daran, dass man nichts erzwingen kann. Jede Form von Zwanghaftigkeit ist ein sicherer Flirtkiller; so viel steht fest. Ein krankhafter sportlicher Ehrgeiz ist hier völlig unangebracht und vergiftet auch langfristig das »gesellschaftliche Klima«. Sie setzen sich permanent selbst unter Druck und messen Ihren Selbstwert nur noch über eine »Erfolgsquote«. Das schafft Frustration und letztlich irgendwann Selbstmitleid. Halten Sie's in diesem Falle mit Paulchen Panther: »Heute ist nicht alle Tage, ich komm' wieder, keine Frage!«
Machen Sie auf keinen Fall den Fehler, den frisch kassierten Korb als persönliche Niederlage zu betrachten. Vielleicht hat Ihr Gegenüber schlicht und einfach an diesem Tag keine Lust zu flirten. Vielleicht erinnert Ihr Äußeres (auch wenn es noch so attraktiv ist!) an eine unbeliebte Klassenkameradin, eine verhasste Cousine oder an einen unerzogenen Rüpel aus der Nachbarschaft. Solche Faktoren sind häufiger als Sie glauben der Grund für ein Scheitern.

Schauen Sie einfach der Tatsache ins Gesicht, dass die gleichen Rechte, die für Sie gelten, ganz selbstverständlich auch anderen Menschen zugestanden werden müssen. So wie Ihnen nicht jeder oder jede interessant genug erscheint, um einen Flirt mit ihr oder ihm zu beginnen, so möchte sich auch mancher oder manche nicht auf einen Flirt mit Ihnen einlassen. That's life! Und wenn Sie das Kapitel über die richtigen Rahmenbedingungen aufmerksam gelesen haben, werden Sie mir beipflichten, dass es nicht Ihr Ziel sein kann, allen zu gefallen. Denn das hieße ja, keine Eigenheiten, keinen persönlichen Stil zu besitzen, der bekanntlich nicht bei jedem gleich gut ankommt. Wer möchte unter diesen Umständen schon »everybody's darling« sein?

Nehmen Sie einen Korb nicht als persönliche Kränkung. Man kann eben nicht jedem sympathisch sein.

Gute Verlierer

Vielleicht haben auch Sie Menschen in Ihrem Freundeskreis, die partout nicht verlieren können. Beim Tennis haben sie nur verloren, weil der Platz zu hart oder der Ball zu weich war. Beim Kartenspiel wurde zu schlecht gemischt, oder man hat ihnen in die Karten gesehen. Spielen Sie gerne mit diesen Freunden? Ich hoffe, Sie sind wie ich der Meinung, dass man auch mit Anstand verlieren können muss, wenn man die Freude am Spielen behalten will.

Ein Gleiches gilt auch für das Flirten. Dementsprechend sollten Sie sich auch verhalten, wenn Sie einen Korb bekommen. Nahezu unsportlich, um nicht zu sagen peinlich ist es, wenn Sie auf einen »höflichen« Korb ungehalten und schnippisch reagieren. Also handeln Sie im Sinne der sportlichen Fairness, und tragen Sie Ihren kleinen Misserfolg mit der nötigen Fassung. Bewahren Sie Haltung, und beweisen Sie Humor und Größe, denn irgendwann lohnt sich Ihr »olympischer Ehrgeiz« ganz sicher!

Gerade Männer reagieren oft aggressiv auf einen Korb und hinterlassen so einen besonders schlechten Eindruck.

Keine Angst

Sie sollten keine Angst vor Zurückweisungen haben, denn solche Befürchtungen schlagen sich zum einen auf Ihre Ausstrahlung nieder und mindern zum anderen Ihre ganz persönliche Lebensqualität.

Die Abfuhr

Nicht immer ist es ohne größere Schwierigkeiten möglich, dem Gegenüber klarzumachen, dass man an einem Flirt nicht interessiert ist.

Also nochmals: Jeder hat das gute Recht, einen Flirt abzulehnen, und zwar ohne jegliche Begründung. Das trifft auch für Sie zu. Hier soll es nun darum gehen, wie man einem Interessenten möglichst charmant, aber unmissverständlich klarmacht, dass man an einem Flirt mit ihm nicht interessiert ist. Dies ist natürlich in manchen Fällen leichter und in anderen Fällen, ich möchte es einmal vorsichtig ausdrücken, schwieriger. Vor allem Damen werden wissen, was ich meine. Es gibt nämlich Männer, die einen derart nerven können, dass man nicht mehr weiß, wie man sich ihrer erwehren soll. Aber zunächst wollen wir uns erst einmal mit den weniger schwierigen Fällen befassen.

Bitte recht freundlich

In den meisten Fällen, das heißt in den Anfangsstadien, ist eine Abfuhr problemlos, schnell und völlig unverfänglich zu bewerkstelligen. Gehen wir zunächst einmal davon aus, dass man es mit einem netten, fröhlichen und aufgeschlossenen Flirtkandidaten zu tun hat, der zwar einen guten Eindruck macht, aber mit dem man sich aus irgendwelchen subjektiven Gründen nicht auf einen Flirt einlassen möchte. Sie sollten es bei solchen Flirtkontakten primär so halten wie bei sonstigen sozialen Kontakten auch. Begegnet man Ihnen auf freundliche und zuvorkommende Art, so werden Sie auch den Kontaktversuch nicht sofort mit unverhältnismäßig scharfen Abwehrmitteln niederbügeln. Die Tatsache, dass Sie jemandem positiv aufgefallen sind, sollte von Ihnen zuerst einmal als Kompliment aufgefasst werden.

Wenn Ihnen ein Flirtpartner nicht zusagt, sollten Sie ihm Ihre Ablehnung situationsgerecht klarmachen.

Es gibt also keinen Grund, einen netten und freundlichen »Glücksritter« mit Schimpf und Schande zu überschütten und ihn zu behandeln, als hätte er eine Todsünde begangen.

Gehen Sie kurz auf den Flirt ein, und signalisieren Sie charmant, dass in diesem Fall leider nichts zu machen sei. Beteuern Sie glaubhaft, dass heute ein ausgesprochen schlechter Tag sei, um mit Ihnen ins Gespräch zu kommen. Wenn das Gegenüber seinen Unterhaltungswunsch dennoch nicht fallen lässt, können Sie ihn zum Beispiel freundlich darauf hinweisen, dass Sie hier mit Ihrer gesprächigen Schwiegermutter verabredet sind. Auch wenn es Sie erstaunen wird, auf eine geschwätzige Schwiegermutter legen nur sehr wenige Herren und Damen gesteigerten Wert.

Oder sagen Sie lächelnd: »Netter Versuch, aber leider zwecklos, sorry!« oder »Wenn Sie sich ein bisschen umschauen, finden Sie mit Sicherheit jemanden, bei dem Sie Ihr Glück versuchen können. Bei mir ist leider heute – und in Zukunft – nichts zu machen.« Man wird beteuern, dass aber gerade Sie das einmaligste Geschöpf unter der Sonne sind oder Ähnliches; aber nach einem kurzen

Wechsel von zwei bis drei netten Plaudersätzen wird der Verehrer/die Verehrerin mit Fassung die Arena verlassen. Sie haben Ihre Ruhe, und niemandem wurde größerer seelischer Schaden zugefügt.

Man sollte es immer mit der menschenfreundlichsten Abfuhrvariante versuchen: Humor.

Wenn Sie ein Interessent nur mit den Augen zu ködern versucht, reagieren Sie einfach nicht auf die eindeutigen Blicke, die man Ihnen zuwirft. Sie haben keinerlei »gesellschaftliche Verpflichtung«, die interessierte Aufmerksamkeit, die man Ihnen entgegenbringt, zu erwidern. Wenn Sie das Lächeln oder den Lächler unsympathisch finden, so müssen Sie seinem aufdringlichen Blick nicht mit Freundlichkeit begegnen. Diese Art von nicht vorhandener Flirtbereitschaft ist eigentlich noch nicht einmal als Abfuhr zu bezeichnen. Zur wirklichen Abfuhr wird sie erst, wenn Sie die bemerkte Flirtaufforderung verbal kommentieren.

Gewählte Sprache

Auch wenn Sie vom Gegenüber genervt sind, sollten Sie Äußerungen wie »Was glotzt du mich denn so blöde an, soll ich dir ein Passbild geben, oder was?« vermeiden. Denn dieser Umgangston sollte unter Ihrem Niveau sein.

Künstliche Barrieren

Wenn Sie das Pech haben, sich der räumlichen Nähe zu Ihrem lästigen Gegenüber nicht entziehen zu können, nützt oft das Aufbauen von künstlichen Barrieren. Vom Zuckerstreuer über die Speisekarte, von der Handtasche bis zur Einkaufstüte können Sie alles zur räumlichen Trennung einsetzen, was Ihnen in die Hände fällt.

Verstärken Sie diese »Raumteilerwirkung« noch mit eindeutiger »Körpersprache«. Mit hoher Wahrscheinlichkeit sind Sie den unliebsamen Flirter schnell los. Auf diskrete, aber dennoch wirksame Weise signalisieren Sie Ihre Ablehnung durch verschränkte Arme und übereinander geschlagene Beine. Sie zeigen so deutlich, dass in Ihrem Herzen kein Platz für den Bewerber ist und dass Sie auch nicht bereit sind, die Rolle eines Betthupferls zu übernehmen. Auch der mit beiden Händen umklammerte Knöchel auf dem Knie ist eine Abwehrhaltung. Geschlossene Jacketts und korrekte Kleidung unterstreichen die Wirkung noch.

Unsensible Zeitgenossen können oder wollen die Signale ihres Gegenübers nicht deuten.

Härtefälle

Natürlich gibt es auch Fälle, in denen Ihnen all diese Verhaltensweisen nicht viel nützen, sei es weil Ihr Gegenüber die Sensibilität eines Hornochsen besitzt oder eine plötzlich geschaffene Situation Ihnen keine Vorbereitung auf die Abfuhr zulässt. Das ist zum Beispiel der Fall, wenn Sie unerwartet von der Seite oder von hinten angesprochen werden. Diese Art von hinterhältigem Überraschungsangriff wird von feinfühligen Flirtern ohnehin gemieden. Sie können sich also vorstellen, um was für eine Art von Flirter es sich hier handelt. Niemand wird gerne hinterrücks oder von der Seite angesprochen. Manche Leute können es aber dennoch nicht lassen und versuchen, auf diese Weise bei Ihnen zu landen. Die drei goldenen Regeln heißen hier: Reaktionsverzögerung, lange Pause und Wortkargheit.

Wer die Körpersprache des Gegenübers nicht versteht, kann für unnötige Anspannung sorgen.

Wenn alle höflichen Abwehrversuche nicht fruchten, haben Sie es wirklich schlecht getroffen, denn Sie haben es mit einem wirklich hartnäckigen Fall zu tun. Unbelehrbarkeit und mangelndes Feingefühl gehören aber bestraft. Sie tun am besten erst einmal so, als würden Sie die Aktion nur aus ganz weiter Ferne wahrnehmen. Senden Sie dann einen strafenden Blick. Nach einer langen Kunstpause erwidern Sie die Äußerung Ihres Gegenübers mit einem sehr distanzierten »Wie bitte?«. Besitzt man dann noch die Stirn, die Äußerung zu wiederholen, antworten Sie mit langem Schweigen. Sie werden sehen, jeder halbwegs normale Mensch verliert dann relativ schnell die Lust, diese sprühende Konversation weiterzuverfolgen.

Fehlbuchungen

Im ungünstigsten Fall bemerken Sie erst bei der ersten Verabredung, dass es sich beim Flirtpartner um eine »Fehlbuchung« handelt.

Fast jeder von Ihnen kennt die Situation: Man lernt jemanden kennen, und im Laufe des Abends stellt sich heraus: Auweia, Fehlbuchung! Zwar hat das Gegenüber anfangs einen netten Eindruck auf Sie gemacht, und Sie dachten sich »Naja, nicht schlecht, sieht doch nicht übel aus, hat einen lustigen Zug um die Augen und ein verschmitzes Lächeln«. Nach einigen Sätzen – den falschen natürlich – merken Sie, dass die anfängliche Euphorie wohl leider ungerechtfertigt war. Sei es die schleppende Unterhaltung, eine unpassende Bemerkung oder ein strenger Körpergeruch. Ihnen wird jedenfalls klar, dass Sie oder Ihr Gegenüber sich auf dem Holzweg befinden; die genaue Ursache ist eigentlich völlig irrelevant, fest steht, dass alles in Ihnen förmlich schreit: »Ich muss hier raus!!!«

Sehnsüchtig halten Sie Ausschau nach einem bekannten Menschen, den Sie als Abseilhilfe missbrauchen könnten. Sie möchten durchs Lokal rufen: »Befreit mich von diesem Mensch, und zwar schnell!« Aber wie es im Leben nun einmal ist, erhört niemand Ihr Flehen. Sie sind wieder einmal, wie so oft, auf sich selbst angewiesen.

Abwehrmechanismen

Sie haben nun leider nur zwei Möglichkeiten. Entweder Sie greifen jetzt auf die oben beschriebene Körpersprache und Barrierentechnik zurück, oder Sie steigen auf die Notlügetechnik um. Je nachdem, wie lange Sie schon beisammen sind, wird Ihr Flirtpartner der Körpersprache vielleicht keine besonders große Beachtung schenken, weil eine Gesprächsbereitschaft und offene Haltung ja eingangs vorhanden waren. Fest steht, dass es bei einer Fehlbuchung, vor allem bei fortgeschrittener Gesprächsdauer, mit bloßem Einsatz von Körpersprache und betonter Wortkargheit unter Umständen relativ lange dauern kann, das Gegenüber wieder loszuwerden. Bei besonders unsensiblen oder verbissenen Zeitgenossen kann es sogar sehr lange dauern, bis der Groschen fällt.

Durch das anfängliche Interesse ist es bei einer »Fehlbuchung« schwer, die spätere Ablehnung zu begründen.

Die Notlüge

Ein Autor von guter Sitte und Humanität würde Ihnen zur Vermeidung von quälenden Längen zu Offenheit und klarer Aussprache raten, zu Sätzen wie »Sorry, aber ich glaube, wir passen nicht zusammen, du bist einfach nicht mein Typ«. Entschuldigen Sie bitte, wenn ich hier ausnahmsweise mal nicht in das Horn der Moralisten und Ehrlichkeitsfanatiker blase. Ich bin nämlich der Ansicht, dass in einem solchen Fall die (auch von mir) viel gelobte Ehrlichkeit mehr verletzt als hilft. Ich rate Ihnen deshalb zur guten alten Notlüge.

Nicht immer ist die ehrliche und offene Abfuhr auch der bessere Weg, um einen Verehrer loszuwerden.

Eine direkte Äußerung des Missfallens bezieht sich nämlich auf die Person, deren Nähe Sie gesucht oder geduldet haben, deren Typ Ihnen aber nun nicht mehr zusagt. Dieser Prozess ist zwar völlig normal und Ihre Ablehnung legitim, aber warum sollte man das Gegenüber mit einer subjektiv empfundenen Unzulänglichkeit vor den Kopf stoßen?

Eine kleine Notlüge tut weniger weh und geht leichter von den Lippen als eine direkte Absage.

Tun Sie einfach, was Generationen von genervten Flirtern schon vor Ihnen getan haben: Lenken Sie das Gespräch freundlich, aber bestimmt auf einen imaginären Partner, erfinden Sie dringende Termine, laufende Waschmaschinen, stehen gebliebene Armbanduhren und Ähnliches. Vertrauen Sie auf Ihre Fantasie, wenn Ihnen das Gespräch unangenehm genug ist, fallen Ihnen bestimmt unzählige Ausreden ein.

Das direkte Wort

Trotz aller guten Sitten gibt es immer noch Zeitgenossen, an denen die mitteleuropäische Kultur spurlos vorübergegangen zu sein scheint. Diese Menschen zeigen sich völlig unbeeindruckt von Ihrer Körpersprache, Wortkargheit, Ihrem Desinteresse und Ihren Notlügen.

Nur wenn Sie es mit besonders unsensiblen Zeitgenossen zu tun haben, sollten Sie in Ihrem Auftreten etwas härter werden.

Vor allem die Damen kennen wohl den Fall des ungebetenen Bewerbers, der nicht locker lässt, auf alles eine Antwort hat, jede Ihrer ablehnenden Äußerungen mit einem »Warum?« und »Wieso?« kontert und durch nichts, aber auch gar nichts in die Flucht zu schlagen ist.

Diese Gattung Herren, meine Damen, ist nicht in die Kategorie »Flirter« einzuordnen, denn sie gebärden sich eher wie wilde Tiere, die über ein Opfer herfallen. Die hartnäckigsten Nervtöter sind daher mit schonungsloser Härte zu bestrafen. Das selbst gewählte Terrain der freien Wildbahn lässt auch tiefste Verwundungen zu, denn Ihr ganzes menschenfreundliches Verhalten hat Sie bisher nicht von diesem Menschen befreien können. Fauchen Sie kräftig, und schlagen Sie gegebenenfalls Ihre spitzen Krallen ins gegnerische Fleisch:

»Merkst du eigentlich nicht, dass du nervst?«
»Wie lange wollen Sie sich hier noch zum Affen machen?«
»Muss ich eigentlich erst den Tisch umwerfen und ›Hilfe, Vergewaltigung!‹ schreien, bis Sie merken, was los ist?«
»Sie hören sich wohl selbst gerne reden. Versuchen Sie Ihr Glück doch mal bei der Parkuhr da vorne!«
Diese Beispiele sind noch die milderen Varianten. Scheuen Sie sich je nach Grad der Ihnen entgegengebrachten Unverschämtheit nicht, noch weit darüber hinauszugehen. Ihrer Fantasie sind keine Grenzen gesetzt. Wir reden hier nämlich nicht mehr von Flirten, sondern von »Anmache« der allerplumpsten Art.

Scheuen Sie sich bei groben Fouls nicht, Gleiches mit Gleichem zu beantworten.

Ich hoffe, Sie mit diesem Härtefall nicht vom Pfad zum charmanten Flirt geschubst zu haben. Wenn ja, dann rappeln Sie sich schnell wieder auf. Man sollte sich von ein paar Unverbesserlichen nicht den Spaß an einer der schönsten Sachen der Welt vermiesen lassen. Vergessen Sie auch nicht, dass die positiven und witzigen Erlebnisse beim Flirt um ein Vielfaches häufiger sind als die unangenehmen. Und Sie genießen ja auch weiterhin süße Erdbeeren, auch wenn Sie ab und zu einmal eine faule darunter finden.

Geben Sie Kontra

Wenn Sie auf freche und unangenehme Art bedrängt werden, sollten Sie Unbeteiligte in die Situation einbinden. Vielleicht hat sich der eine oder andere Umstehende schon gedacht »Dem/Der muss geholfen werden«. Gemeinsam werden Sie dem unangenehmen Zeitgenossen schon Herr.

Checklisten

Nachdem Sie nun alle Höhen und Tiefen des Flirtzaubers durchwandert haben, wollen wir mit Hilfe von Checklisten überprüfen, wie gut Sie Ihre Lektion gelernt haben und ob Sie im Wesentlichen begriffen haben, worauf es ankommt.

Fit für den Flirt?

Sind Sie innerlich bereit für eine neue Ära des Flirtens? Wissen Sie, was Sie bisher falsch gemacht haben bzw. unbewusst vernachlässigt oder nicht wahrgenommen haben? Diese Checkliste hilft Ihnen, diese Fragen zu beantworten. Nehmen Sie den Fragebogen aber nicht allzu ernst, eine Portion Selbstironie schadet nie. Testen Sie, wie fit Sie für das Spiel der Spiele sind! Kreuzen Sie alles Zutreffende an, und addieren Sie anhand der Verteilungsliste die erreichte Punktzahl. Prüfen Sie dann, wie es um Ihre Flirtkünste bestellt ist.

a) Wenn Sie beim Frisör gezwungen sind, mindestens eine halbe Stunde vor Ihrem Spiegelbild zu sitzen, möchten Sie am liebsten heulen.

❑ Ja
❑ Nein

b) Sie sind in letzter Zeit – trotz diverser Diätversuche – etwas aus Ihrer Konfektionsgröße gewachsen. Sie verzichten dennoch auf neue Kleider und sparen lieber auf den neuen Videorekorder.

❑ Ja
❑ Nein

c) Ihre letzten Flirtversuche waren ein Fiasko. Sie haben mit dieser jugendlichen Schwärmerei abgeschlossen und suchen Ihr Lebensglück in anderen Bereichen.

❑ Ja
❑ Nein

d) Ihr Beruf macht Ihnen Spaß und befriedigt Sie vollkommen. Leider stehen Sie oft unter Stress und finden nur sehr selten Muße zum Flirten.

❑ Ja
❑ Nein

e) Wenn Sie ausgehen, wagen Sie sich auch in Lokale, in denen Sie sonst nicht verkehren, einfach, um mal völlig andere Leute zu sehen.

❑ Ja
❑ Nein

f) Sie bewegen sich lieber auf bekanntem Terrain, denn da fühlen Sie sich schließlich am wohlsten.

❑ Ja
❑ Nein

g) Sie setzten sich gerne in eine dunkle Ecke, von wo Sie alles gut beobachten können. Die Theke meiden Sie, da Sie sich dort wie auf dem Präsentierteller fühlen.

❑ Ja
❑ Nein

h) Bevor Sie ausgehen, machen Sie sich ausgiebig Gedanken, was Sie anziehen werden. Sie machen auch schon mal Modenschau und ziehen sich gegebenenfalls wieder um, wenn Ihnen das Ergebnis nicht gefällt.

❑ Ja
❑ Nein

i) Sie sind einfach kein Typ zum Flirten. Wenn Sie mal jemand anschaut, dann wohl eher, um sich über Sie lustig zu machen.

❑ Ja
❑ Nein

❑ Ja ❑ Nein **j)** Sie gehen gerne aus und lassen auch im Supermarkt oder im Wartezimmer nichts anbrennen. Wenn's nichts Tolles ist, macht nichts, Sie hatten jedenfalls Spaß, und beim nächsten Mal sind die Karten wieder neu gemischt.

❑ Ja ❑ Nein **k)** Wenn Sie jemand nett anschaut, dann tun Sie, als hätten Sie nichts bemerkt. Am Ende meint er/sie gar nicht Sie.

❑ Ja ❑ Nein **l)** Wenn Ihnen jemand gefällt, dann tun Sie erst mal schüchtern; auf keinen Fall zeigen Sie gleich Ihr Interesse.

❑ Ja ❑ Nein **m)** Sollte Sie jemand ansprechen und langweilen, dann hören Sie aus Höflichkeit zu.

❑ Ja ❑ Nein **n)** Wenn Sie einen Korb bekommen, dann machen Sie Ihrem Unmut laut Luft; schließlich wollen Sie sich doch keine Magengeschwüre holen!

❑ Ja ❑ Nein **o)** Wenn jemand Ihre eindeutigen Signale nicht verstehen will, dann winken Sie ihn schon mal her oder sagen dem Kellner Bescheid, dass er ihn/sie mal rüberschickt.

❑ Ja ❑ Nein **p)** Sie beschließen ein interessantes Flirt-Gespräch nie, wenn Sie nicht die Telefonnummer oder ein Date in der Tasche haben.

❑ Ja ❑ Nein **q)** Sie geben sich die größte Mühe zu gefallen. Sie hören dann um des lieben Friedens willen schon mal über die eine oder andere Dummheit hinweg und versetzen die Fehlbuchung einfach beim nächsten Date.

❑ Ja ❑ Nein **r)** Das erste Date vereinbaren Sie stets in Ihren Stammlokalen. Wenn der Abend nicht so läuft, wie Sie es sich vorstellen, können Sie immer noch an die Theke zu Ihren Freunden flüchten.

❑ Ja ❑ Nein **s)** Wenn Sie unentschlossen sind, vereinbaren Sie sicherheitshalber ein zweites Date, man kann ja nie wissen.

❑ Ja ❑ Nein **t)** Wenn Sie jemand an Ihrem schlechten Tag anspricht, geben Sie ihm volle Breitseite, Sie sind schließlich nicht Mutter Teresa.

u) Wenn eine Sache ernster zu werden scheint, stecken Sie ganz klar Ihre Ziele ab. Zu Kompromissen sind Sie nicht bereit.
❑ Ja
❑ Nein

v) Sie sind frisch verliebt und möchten am liebsten rund um die Uhr mit Ihrem Herzblatt zusammen sein. Ihre Freunde müssen da erst einmal zurückstecken.
❑ Ja
❑ Nein

w) Wenn jemand bei Ihnen nicht landen kann, so versuchen Sie, ihm das auf charmante Art klarzumachen. Bei ganz hartnäckigen Fällen allerdings werden Sie gegebenenfalls sehr deutlich und kennen keine Gnade.
❑ Ja
❑ Nein

x) Schon beim zweiten Treffen möchten Sie unbedingt die gesamte Familie Ihrer Neueroberung kennen lernen. Sie verabreden sich deshalb gleich für den Sonntag bei seinen/ihren Eltern zum Kaffee.
❑ Ja
❑ Nein

y) Sie vertrauen Ihrem Partner und können sich ganz und gar auf ihn verlassen. Dieses Vertrauen ist mehr wert als ständige Gunstbezeugungen und Liebesbeweise.
❑ Ja
❑ Nein

z) Auch wenn Sie lange mit jemandem zusammen sind, beflirten Sie ihn weiter. Sie haben allerdings Schwierigkeiten, Ihre Eifersucht in den Griff zu bekommen.
❑ Ja
❑ Nein

Punkteschlüssel

Für jede mit Ja beantwortete Frage gibt es folgende Punkte:

a) = 2 Punkte	**j)** = 10 Punkte	**s)** = 7 Punkte
b) = 3 Punkte	**k)** = 2 Punkte	**t)** = 0 Punkte
c) = 0 Punkte	**l)** = 2 Punkte	**u)** = 4 Punkte
d) = 0 Punkte	**m)** = 4 Punkte	**v)** = 5 Punkte
e) = 8 Punkte	**n)** = 0 Punkte	**w)** = 10 Punkte
f) = 4 Punkte	**o)** = 0 Punkte	**x)** = 3 Punkte
g) = 2 Punkte	**p)** = 10 Punkte	**y)** = 4 Punkte
h) = 7 Punkte	**q)** = 3 Punkte	**z)** = 8 Punkte
i) = 0 Punkte	**r)** = 2 Punkte	

Wiederholen Sie diesen Test nach einigen Wochen. Hat sich an Ihrer Einstellung zum Flirten etwas geändert?

0-19 Punkte

Sorry, aber ich muss Ihnen leider sagen, dass Sie noch schwer an sich arbeiten müssen. So wird das leider nichts. Sie sollten vor allem die Kapitel noch einmal durchschauen, in denen von Selbstbewusstsein, Selbstannahme und Mut zur Entschlossenheit die Rede ist. Erst wenn Sie sich selbst mögen, können das auch andere!

20-39 Punkte

Sie stehen noch auf äußerst wackligen Freiersfüßen und sollten sich ein weiteres Mal das eine oder andere Kapitel zur Brust nehmen. Sie sind zwar auf dem richtigen Weg, greifen aber viel zu oft daneben, oder es fehlt Ihnen an der nötigen Entschlusskraft. Mit etwas gutem Willen und reichlich Trockenübungen kann man Sie aber durchaus auf flirtwillige Mitmenschen loslassen.

40-74 Punkte

Ich gratuliere! Sie sind startklar für schöne und wilde Flirtabenteuer. Manchmal vertun Sie sich noch etwas, aber das ist nicht weiter tragisch. Die Finesse erhalten Sie durch ständiges Üben, und das macht Sie bald zum Flirtgroßmeister.

75-100 Punkte

Von den insgesamt 100 möglichen Punkten haben Sie einfach zu viele erreicht. Entweder Sie haben in der Hoffnung auf viele Punkte einfach willenlos alles mit Ja beantwortet, oder Sie leiden an einer Bewusstseinsspaltung und halten sich gelegentlich für Napoleon und Mutter Teresa gleichzeitig! Wenn Sie panisch aufaddiert haben, gehören Sie zu den Menschen, die um jeden Preis gewinnen wollen, und werden zur Strafe auf »Los« geschickt! Zurück zu Seite 1!

Entscheidungshilfe bei Unsicherheit

Die erste Verabredung liegt nun hinter Ihnen, und es stellt sich die Frage, wie es weitergehen soll. Anhand des folgenden Tests können Sie vielleicht eher eine Aussage darüber machen, ob Sie Ihr Gegenüber nochmals sehen wollen. Nur eine Lösung ist jeweils möglich.

1. Sein/Ihr Äußeres hat …
- a) Mich extrem angezogen. ❑
- b) Zwar nichts Umwerfendes, aber interessante Züge. ❑
- c) Mich wenig angesprochen. ❑
- d) Mich eher abgestoßen. ❑

Fällt Ihnen die Beantwortung dieser Fragen schwer? Lassen Sie in aller Ruhe noch einmal das Treffen vor Ihrem geistigen Auge vorüberziehen.

2. Aufgrund seines/ihres Aussehens könnte ich mir vorstellen …
- a) Ihm/ihr hoffnungslos zu verfallen. ❑
- b) Dass sich viel Aufregendes dahinter verbirgt. ❑
- c) Auf ein weiteres Treffen keinen Wert zu legen. ❑
- d) Mich zu einem zweiten Treffen zu überwinden. ❑

3. Seine/ihre Art zu Reden hat mich …
- a) Fasziniert. ❑
- b) Neugierig gemacht. ❑
- c) Wenig überzeugt. ❑
- d) Eher genervt. ❑

4. Die Unterhaltung hätte…
- a) Nie zu Ende gehen dürfen. ❑
- b) Bei mehr Zeit noch an Tiefe gewinnen können. ❑
- c) Gut sein können, wenn er/sie ruhiger gewesen wäre. ❑
- d) Erst gar nicht beginnen sollen. ❑

Es ist wichtig, sich seine Gefühle wirklich bewusst zu machen und auf sie zu hören. Lassen Sie sich von Ihrer inneren Stimme leiten.

5. Ich hatte den Eindruck …
- a) Dass er/sie eine natürliche und lockere Art hat. ❑
- b) Dass das Gespräch zwar noch etwas verkrampft war, aber er/sie dennoch mehr zu bieten hat. ❑
- c) Dass ein Allerweltsprogramm abgespult wurde. ❑
- d) Dass während des gesamten Flirts eine One-man/woman-Show abgezogen wurde. ❑

6. Ich habe nach unserer Begegnung …
- a) Noch eine Woche an ihn/sie denken müssen. ❑
- b) Den ganzen Tag keinen einzigen klaren Gedanken mehr fassen können. ❑
- c) Eine ganze Weile überlegt, ob ich was mit ihm/ihr anfangen könnte. ❑
- d) Weder einen Namen noch ein Gesicht im Kopf. ❑

7. Es kam mit irgendwie so vor …
- a) Als würde er/sie total auf mich abfahren. ❑
- b) Als ob sein/ihr Interesse aufrichtig war. ❑
- c) Als ob er/sie mich nur aus Höflichkeit um meine Telefonnummer gebeten hat. ❑
- d) Als ob er/sie nur auf der Suche nach einer »schnellen Nummer« war. ❑

8. Die Dinge, die er/sie erzählt hat …
- a) Haben mich total fasziniert. ❑
- b) Waren zwar nicht unbedingt »meine Themen«, aber dennoch ganz nett. ❑
- c) Waren zwar völlig uninteressant, aber trotzdem irgendwie witzig vorgetragen. ❑
- d) Haben mich zwar angeödet, aber er/sie sieht eben einfach top aus. ❑

9. Irgendwie erinnert er/sie mich an …

a) Mich selbst. ❑
b) Tom Cruise/Kim Bassinger ❑
c) Meine Eltern ❑
d) Den Dackel meiner Oma ❑

10. Vor meinem geistigen Auge sehe ich uns beide …

a) Über Wolken schweben. ❑
b) Leidenschaftlich über Bücher diskutieren. ❑
c) Sieben Kinder und 21 Enkel großziehen. ❑
d) Samstags auf dem Sofa sitzen. ❑

Punkteschlüssel

a) = 4 Punkte • b) = 3 Punkte • c) = 2 Punkte • d) = 1 Punkt

Addieren Sie die erreichten Punkte: Je höher die Punktzahl, desto erfolgreicher war der Flirt.

30–40 Punkte

Auf was warten Sie noch? Rennen Sie sofort zum Telefon, und vereinbaren Sie ein zweites Date. Sie haben Ihren Traummann/Ihre Traumfrau gefunden.

20–30 Punkte

Okay, Prince Charming oder die Traumfrau ist Ihnen nicht begegnet. Aber trotz der ausbleibenden rosa Wolken scheint Sie irgendetwas an diesem Menschen mehr zu faszinieren, als Sie es selbst bemerkt haben. Gehen Sie auf Nummer sicher, und wagen Sie noch eine weitere Verabredung.

10–20 Punkte

Suchen Sie schnell das Weite! Wenn Sie dennoch ernsthaft an ein Date denken, leiden Sie entweder an einem Helfersyndrom oder können nicht nein sagen.

Flirt-Wörterbuch

Damit Sie im Urlaub für den Flirt mit Einheimischen gewappnet sind, finden Sie hier die wichtigsten Grundformeln, die Ihnen den unbeschwerten Flirt ermöglichen sollen. Mit diesem Wörterbuch machen Sie sich fit für den Flirt auf Englisch, Französisch, Spanisch oder Italienisch.

Achten Sie darauf, dass Sie schon bei der Begrüßung und beim unverbindlichen Smalltalk einen guten Eindruck hinterlassen.

Englisch

Begrüßung und allgemeiner Smalltalk

Darf ich mich vorstellen? Mein Name ist ...
May I introduce myself? My name is ...
Wie heißen Sie?
What's your name?
Was für ein schöner Name!
What a lovely name!
Schön, Sie kennen zu lernen.
Nice to meet you.
Woher kommen Sie?
Where do you come from?
Sprechen Sie Deutsch?
Do you speak German?
Ich spreche nur ein wenig Englisch.
I do not speak much English.

Würden Sie bitte etwas langsamer sprechen?
Could you speak more slowly, please?
Wie spät ist es?
What time is it?
Ich sehe das ganz genauso.
That's how I see it too.
Hört sich gut an.
Sounds good.
Ganz meiner Meinung
Oh, absolutely
Sage ich auch immer.
That's just what I always say, too.

»That's how I see it too. – Ich sehe das ganz genauso.« Das ist eine Formulierungen, die ein Wir-Gefühl schafft.

Wie interessant
How interesting
Haben Sie Feuer?
Have you got a light?

Reise/unterwegs

Gefällt es Ihnen hier?
Do you like it here?

Sind Sie zum ersten Mal hier?
Is this your first visit here?
Hatten Sie eine gute Reise?
Did you have a good journey?
Wie lange bleiben Sie?
How long are you staying?
Gibt es hier gute Discos?
Are there any good discos around here?
Ich würde gerne ... besichtigen, kennen Sie das?
I'd like to visit ...; have you been there?
Fahren Sie auch nach...?
Are you going to ... too?
Kann ich Ihnen mit dem Gepäck/Tablett helfen?
May I help you with your luggage/tray?

Eine unverbindliche Frage an einen Mitreisenden kann zu einer netten Unterhaltung oder zum Flirt führen.

Café, Kneipe, Restaurant, Party und Disco

Ist dieser Platz noch frei?
Is this seat taken?
Stört es Sie, wenn ich rauche?
Do you mind if I smoke?
Könnten Sie mir bitte den Aschenbecher reichen?
Could you pass me the ashtray, please?
Darf ich Sie zu einem Drink einladen?
Can I buy you a drink?
Was möchten Sie trinken?
What would you like to drink?
Prost!
Cheers!
Gefällt Ihnen diese Kneipe/Disco/Restaurant?
Do you like this pub/disco/restaurant?
Die Atmosphäre hier ist ganz nett.
There's quite a good atmosphere here.

»Excuse me, may I disturb you for a moment? – Entschuldigen Sie, darf ich Sie einen Augenblick stören?«

Gefällt Ihnen die Musik?
What do you think of the music?
Wollen wir tanzen?
Shall we dance?

Verabschiedung

War nett, Sie kennen zu lernen.
It was nice to meet you.
Bis zum nächsten Mal...; vielleicht heute Abend?
Perhaps we can meet some time, what about tonight?
Hier ist meine Karte, rufen Sie mich doch mal an.
Here's my card, why don't you give me a ring?
Der Abend war sehr schön, sehen wir uns wieder?
It's been a lovely evening, can we meet again?
Es war nett, aber leider zu kurz.
It was very nice, but much too short, I'm afraid.
Wo/Wann treffen wir uns?
Where/When shall we meet?
Wollen Sie schon gehen?
Do you already want to go?
Kann ich Sie nach Hause bringen?
Can I give you a lift home?
Bis morgen/heute Abend
See you tomorrow/tonight.

Eine Standardverabschiedung im Englischen lautet: »It was a real pleasure to meet you. – Es war mir ein Vergnügen.«

Abblocker

Ich habe wirklich keine Zeit.
I really havn't got any time.
Ich warte auf meinen Freund/Mann.
I'm waiting for my boyfriend/husband.
Ich möchte mich wirklich nicht mit Ihnen unterhalten.
Thanks, but I really don't want to talk to you.

Lassen Sie mich bitte in Ruhe.
Just leave me alone, please.
Weißt du was, du nervst!
Do you know what? You get on my nervs!

Französisch

Begrüßung und allgemeiner Smalltalk

Darf ich mich vorstellen? Mein Name ist...
Vous permettez que je me présente? Mon nom est ...
Wie heißen Sie?
Comment vous vous appelez?
Was für ein schöner Name.
Quel beau nom!
Schön, Sie kennen zu lernen.
Enchanté de faire votre connaissance.
Woher kommen Sie?
Vous venez d'où?
Sprechen Sie Deutsch?
Parlez-vous l'allemand?
Ich spreche nur ein wenig Französisch.
Je ne parle que peu français.
Würden Sie bitte langsamer sprechen?
Pourriez-vous parler plus lentement, s'il vous plaît?
Wie spät ist es?
Quel heure est-il?
Ich sehe das ganz genauso.
C'est aussi mon avis.
Hört sich gut an.
Ça me paraît bien.
Ganz meiner Meinung
Tout à fait mon avis

»Salut, je suis ... – Hallo, ich bin ...,« genügt vor allem unter jungen Leuten, um sich vorzustellen.

Sage ich auch immer.
C'est ce que je dis toujours.
Wie interessant
Que intéressant
Haben Sie Feuer?
Vous avez du feu, s'il vous plaît?

Reise/unterwegs

Gefällt es Ihnen hier?
Ça vous plaît ici?
Sind Sie zum ersten Mal hier?
Vous êtes ici pour la première fois?
Hatten Sie eine gute Reise?
Vous avez fait bonne route?
Wie lange bleiben Sie?
Vous restez encore combien de temps?
Gibt es hier gute Discos?
Vous connaissez une bonne boîte par ici?
Ich würde gerne ... besichtigen, kennen Sie das?
J'aimerais bien visiter ...., vous y êtes déjà allée?
Fahren Sie auch nach...?
Vous allez aussi à ...?
Kann ich Ihnen mit dem Gepäck/Tablett helfen?
Je peux vous aider à mettre vos bagages/la tablette?

»Vous êtes venue avec une groupe? – Sind Sie mit einer Reisegesellschaft hier?«

Café, Kneipe, Restaurant und Disco

Ist dieser Platz noch frei?
Cette place est encore libre?
Stört es Sie, wenn ich rauche?
Ça vous dérange si je fume?
Könnten Sie mir bitte den Aschenbecher reichen?
Pourriez-vous me passer le cendrier?

In Frankreich ist das Café oder Restaurant ein sehr wichtiger Ort der Kommunikation.

Darf ich Sie zu einem Drink einladen?
Vous permettez que je vous offre quelque chose à boire?
Was möchten Sie trinken?
Qu'est-ce que vous prenez?
Prost!
A la votre!
Gefällt Ihnen diese Kneipe/Disco/Restaurant?
Vous aimez bien ce bistro/cette boite/ce restaurant?
Die Atmosphäre hier ist ganz nett.
L'ambiance n'est pas mal ici.
Gefällt Ihnen die Musik?
Vous aimez bien la musique?
Wollen wir tanzen?
On danse?

»Vous permettez que je vous offre quelque chose à boire? – Darf ich Sie zu einem Drink einladen?«

Verabschiedung

War nett, Sie kennen zu lernen.
Je suis très contente d'avoir fait votre connaissance.
Bis zum nächsten Mal...; vielleicht heute Abend?
A la prochaine fois...; ce soir par exemple?
Hier ist meine Karte, rufen Sie mich doch mal an.
Voilà ma carte, appelez-moi, ça me ferait plaisir.
Der Abend war sehr schön, sehen wir uns wieder?
J'ai passé une très bonne soirée, on se revoit?
Es war nett, aber leider zu kurz.
C'était bien sympa, malheureusement ça a passé trop vite.
Wo/Wann treffen wir uns?
Où/Quand est-ce qu'on se retrouve?
Wollen Sie schon gehen?
Vous voulez déjà partir?
Kann ich Sie nach Hause bringen?
Est-ce que je peux vous raccompagner?

Bis morgen/heute Abend
A demain/ce soir.

Abblocker

Ich habe wirklich keine Zeit.
Je n'ai vraiement pas le temps.
Ich warte auf meinen Freund/Mann.
J'attends mon ami/mari.
Ich möchte mich wirklich nicht mit Ihnen unterhalten.
Merci, je n'ai vraiement pas envie de parler avec vous.
Lassen Sie mich bitte in Ruhe.
Laissez-moi tranquille, s'il vous plaît!
Weißt du was, du nervst!
Va t'en. Tu me nerves!

Gerade im Ausland sollte man die richtigen Abfuhren kennen, um unangenehme Situationen zu vermeiden.

Spanisch

Begrüßung und allgemeiner Smalltalk

Darf ich mich vorstellen? Mein Name ist ...
¿Me permite presentarme? Me llamo ...
Wie heißen Sie?
¿Cómo se llama Ud.?
Was für ein schöner Name!
¡Qué nombre mas bonito!
Schön, Sie kennen zu lernen.
Me alegro de conocerle.
Woher kommen Sie?
¿De dónde viene Ud.?
Sprechen Sie Deutsch?
¿Habla aleman?
Ich spreche nur ein wenig Spanisch.
No hablo muy bien español.

»¿A que se refiere Ud. con eso? – Was meinen Sie damit?« Diese Frage hilft, Missverständnissen vorzubeugen.

Würden Sie bitte langsamer sprechen?
Por favor, ¿podría Ud. hablar más despacio?
Wie spät ist es?
¿Qué hora es?
Ich sehe das ganz genauso.
Así lo veo yo también.
Hört sich gut an.
Suena bien.
Ganz meiner Meinung.
Lo mismo pienso yo.
Sage ich auch immer.
También lo digo yo siempre.
Wie interessant
Qué interesante
Haben Sie Feuer?
¿Tiene fuego?

»¿Puede sentarme aquí o espera Ud. a alguien? – Darf ich mich hierher setzen, oder warten Sie auf jemanden?«

Reise/unterwegs

Gefällt es Ihnen hier?
¿Le gusta esto?
Sind Sie zum ersten Mal hier?
¿Es la primera vez que esta Ud. aqui?
Hatten Sie eine gute Reise?
¿Ha tenido un buen viaje?
Wie lange bleiben Sie?
¿Cuánto tiempo se queda?
Gibt es hier gute Discos?
¿Hay buenas discotecas aquí?
Ich würde gerne ... besichtigen, kennen Sie das?
Me gustaría visitar ...¿ya lo conoce?
Fahren Sie auch nach...?
¿Va Ud. también a ...?

Spanien hat als Urlaubsland Italien an Beliebtheit schon lange übertroffen.

Kann ich Ihnen mit dem Gepäck/Tablett helfen?
¿Puedo ayudarle con el equipaje/su bandeja?

Café, Kneipe, Restaurant und Disco

Ist dieser Platz noch frei?
¿Está ocupado?
Stört es Sie, wenn ich rauche?
¿Le molesta si fumo?
Könnten Sie mir bitte den Aschenbecher reichen?
¿Puede pasarme el cenicero, por favor?
Darf ich Sie zu einem Drink einladen?
¿Me permite invitarle a una bebida?
Was möchten Sie trinken?
¿Qué desea tomar?
Prost
Salud!
Gefällt Ihnen diese Kneipe/Disco/Restaurant?
¿Le gusta este local/discoteca?
Die Atmosphäre hier ist ganz nett.
Aquí el ambiente es estupendo?
Gefällt Ihnen die Musik?
¿Que le parece la música?
Wollen wir tanzen?
¿Bailamos?

In Spanien wird sehr spät zu Abend gegessen. Wenn Sie nicht nur mit Touristen speisen wollen, sollten Sie mit dem Essen bis 22.00 Uhr warten.

Verabschiedung

War nett, Sie kennen zu lernen.
Fue muy agradable de habarle conocido.
Bis zum nächsten Mal...; vielleicht heute Abend?
¿Quizás nos volvamos a ver? ...¿porque no esta noche?
Hier ist meine Karte, rufen Sie mich doch mal an.
Tenga mi tarjeta de visita, ¡llameme!

Der Abend war sehr schön, sehen wir uns wieder?
Ha sido una noche estupenda.¿nos vemos otra vez?
Es war nett, aber leider zu kurz.
Fue muy agradable pero desgraciadamente demasiado corto.
Wo/Wann treffen wir uns?
¿Donde/Cuándo nos encotramos?
Wollen Sie schon gehen?
¿Quiere irse ya?
Kann ich Sie nach Hause bringen?
¿Puedo llevarla a casa?
Bis morgen/heute Abend!
¡Hasta mañana/esta noche!

Abblocker

Ich habe wirklich keine Zeit.
De verdad que no tengo tiempo.
Ich warte auf meinen Freund/Mann.
Estoy esperando a mi amigo/mi marido.
Ich möchte mich wirklich nicht mit Ihnen unterhalten.
Realmente no deseo hablar con Ud.
Lassen Sie mich bitte in Ruhe.
¡Déjeme en paz de una vez!
Weißt du was, du nervst!
¿Sabes una cosa? Me sacas de quicio.

»Gracias. ¡Pero no lo deseo! – Danke, ich möchte wirklich nicht!« Das ist eine deutliche Absage, die jeder verstehen sollte.

Italienisch

Begrüßung und allgemeiner Smalltalk

Darf ich mich vorstellen? Mein Name ist...
Posso presentarmi? Il mio nome è ...
Wie heißen Sie?
Come si chiama?

Was für ein schöner Name!
Che bel nome!
Schön, Sie kennen zu lernen.
Piacere di conoscerLa.
Woher kommen Sie?
Di dove viene?
Sprechen Sie Deutsch?
Parla tedesco?
Ich spreche nur ein wenig Italienisch.
Non so parlare molto italiano.
Würden Sie bitte langsamer sprechen?
Potrebbe parlare più piano, per favore?
Wie spät ist es?
Che ora fa?
Ich sehe das ganz genauso.
Anch'io lo vedo così.
Hört sich gut an.
Suona bene.
Ganz meiner Meinung.
Lo penso anch'io così.
Sage ich auch immer.
Lo dico sempre anch'io.
Wie interessant
È interessante
Haben Sie Feuer?
Ha da accendere?

Wundern Sie sich nicht, wenn für viele Italiener das Münchener Oktoberfest der erste Aufhänger für ein Gespräch sein wird.

Quando? Perché? Come? Dove? – Wann? Warum? Wie? Wo?

Reise/unterwegs

Gefällt es Ihnen hier?
Le piace qui?
Sind Sie zum ersten Mal hier?
E qui per la prima volta?

Hatten Sie eine gute Reise?
Ha fatto buon viaggio?
Wie lange bleiben Sie?
Quanto si ferma?
Gibt es hier gute Discos?
Qui ci sono delle belle discoteche?
Ich würde gerne ... besichtigen, kennen Sie das?
Vorrei proprio visitare ..., Lei la conosce già?
Fahren Sie auch nach...?
Va anche Lei a ...?
Kann ich Ihnen mit dem Gepäck/Tablett helfen?
Posso aiutarLa con il bagaglio/il vassoio?

»Che cosa si può vedere qui? – Was kann man sich hier denn so ansehen?« In Italien werden Sie mehr als genug finden.

Café, Kneipe, Restaurant und Disco

Ist dieser Platz noch frei?
È ancora libero questo posto?
Stört es Sie, wenn ich rauche?
Le dispiace se fumo?
Könnten Sie mir bitte den Aschenbecher reichen?
Scusi, mi può passare il portacenere?
Darf ich Sie zu einem Drink einladen?
Posso offrirLe un drink?
Was möchten Sie trinken?
Che cosa prende?
Prost!
Cincin!
Gefällt Ihnen diese Kneipe/Disco/Restaurant?
Le piace questa birreria/ discoteca/questo ristorante?
Die Atmosphäre hier ist ganz nett.
Qui c'è una bella atmosfera.
Gefällt Ihnen die Musik?
Le piace la musica?

Italien hat eine der besten Küchen der Welt! Und Liebe geht ja bekanntlich durch den Magen.

Wollen wir tanzen?
Vogliamo ballare?

Verabschiedung

War nett, Sie kennen zu lernen.
Piacere di conocerLa.
Bis zum nächsten Mal...; vielleicht heute Abend?
Chissà, magari ci rivediamo ..., che fa stasera?
Hier ist meine Karte, rufen Sie mich doch mal an.
Ecco il mio biglietto, mi telefoni pure quando vuole.
Der Abend war sehr schön, sehen wir uns wieder?
La serata è stata molto bella, perché non ci rivediamo?
Es war nett, aber leider zu kurz.
È stato molto piacevole, ma ahimè, troppo breve.
Wo/Wann treffen wir uns?
Dove/Quando ci incontriamo?
Wollen Sie schon gehen?
Vuole già andare?
Kann ich Sie nach Hause bringen?
Posso accompagnarLa a casa?
Bis morgen/heute Abend!
A domani/stasera.

Abblocker

Ich habe wirklich keine Zeit.
Non ho proprio tempo.
Ich warte auf meinen Freund/Mann.
Mi dispiace, ma sto aspettando mio amico/il mio marito.
Ich möchte mich wirklich nicht mit Ihnen unterhalten.
Grazie, ma non mi va proprio di intratenermi con Lei.
Lassen Sie mich bitte in Ruhe.
Ma mi lasci in pace una volta per tutte!

»La sai una cosa: dai sui nervi! –Weißt du was, du nervst!« Diese schroffe Abfuhr sollten Sie sich für besonders lästige Zeitgenossen aufsparen.

Über dieses Buch

Die Autorin

Charlotte Coulon, 1954 in Paris geboren, lebt und arbeitet seit 20 Jahren in Berlin. Die studierte Psychologin und Soziologin berät Paare in Krisensituationen. Mit diesem Buch möchte Sie eine stilvolle, unverkrampfe und von sportlicher Fairness begleitete Flirtkultur wecken.

Impressum

Weltbild Buchverlag, Augsburg

Redaktion: Christopher Hammond, München
Umschlag/Layout: Greenstuff, Iris und Jochen Grün, München
Illustrationen: Michael Paetow, Augsburg
DTP/Satz: Alberto Salamanca, München
Reproduktion: Uhl + Massopust, Aalen
Druck und Bindung: Offizin Andersen Nexö – ein Betrieb der INTERDRUCK Graphischer Großbetrieb GmbH, Leipzig

Gedruckt auf chlorfrei gebleichtem Papier

Printed in Germany

ISBN 3-89604-424-9

Flirten von A bis Z